DAS GRÜNE GEWÖLBE ZU DRESDEN

THE GRÜNES GEWÖLBE DRESDEN / 緑の丸天井　ドレスデン

STAATLICHE
KUNSTSAMMLUNGEN
DRESDEN

DEUTSCHER KUNSTVERLAG

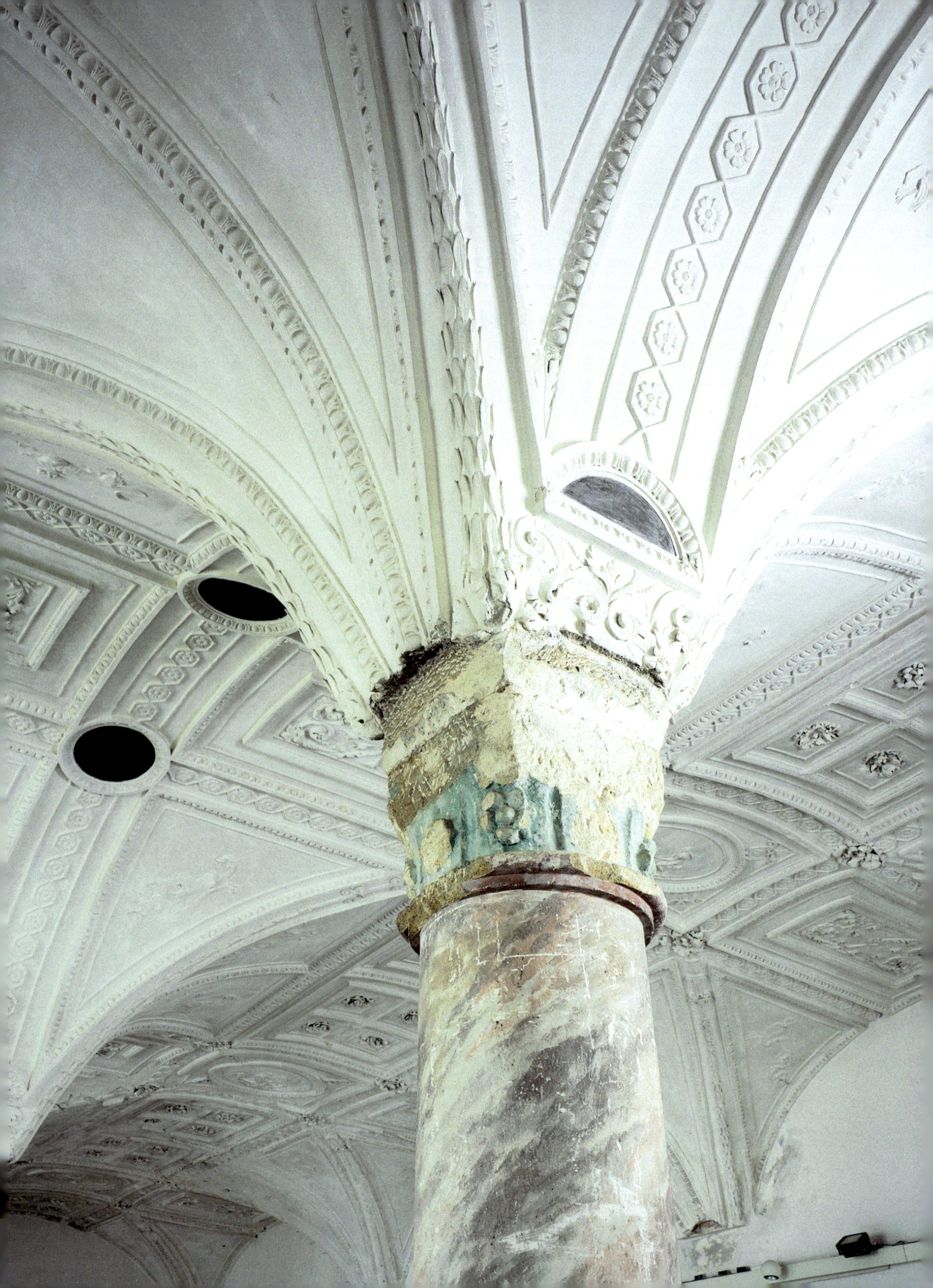

EINFÜHRUNG

Das Grüne Gewölbe zu Dresden gehört zu den wenigen Schatzkammern Europas, die ihren einstigen Bestand nahezu authentisch bewahrt haben. Die Wurzeln der Sammlung liegen in der um 1550 von Kurfürst August von Sachsen errichteten »Geheimen Verwahrung« im Westflügel des Schlosses. Einzelne Architekturelemente wie die Kapitelle der Säulen waren in diesem bis ins frühe 18. Jahrhundert für die Öffentlichkeit unzugänglichem Schatztresor grün gestrichen; seit 1586 existiert die Bezeichnung »Grünes Gewölbe«. 1723 befahl August der Starke im geheimen Tresorraum die Errichtung einer prachtvollen Sammlungsarchitektur, die öffentlich zugänglich sein sollte – ein einzigartiges Novum für die Schatzkammer eines europäischen Adelshauses. Unter der Leitung von Matthäus Daniel Pöppelmann entstanden acht aufeinanderbezogene Räume, deren innenarchitektonische Schönheit mit der Fülle und Qualität der fürstlichen Schätze zu einer einzigartigen Präsentation verschmolz. Den Besucher erwartete eine theatralisch durchdachte Aufstellung nach Materialgruppen, so dass beim Durchschreiten ein allmähliches Ansteigen, Abklingen und nochmaliges Ansteigen sinnlicher Erfahrungen herbeigeführt wurde. Die Räume blieben fast zwei Jahrhundert unverändert. Angesichts des bevorstehenden Krieges wurden die Kunstschätze 1938 auf die Festung Königstein gebracht. Am 13. Februar 1945 ging das Schloss in Flammen auf, dabei wurden auch drei der acht Räume zerstört. Die Rote Armee transportierte die Kostbarkeiten in die Sowjetunion, wo sie bis 1958 blieben. Nach ihrer Rückkehr war wieder ein Teil der Sammlung im Albertinum zu sehen. 2004 wurde das Neue Grüne Gewölbe mit 1089 Exponaten im ersten Geschoss des wieder aufgebauten Residenzschlosses eröffnet. Die moderne Präsentation stellt die Kunstwerke in all ihrer Pracht und Vielfältigkeit in den Mittelpunkt und ermöglicht eine nahsichtige und individuelle Betrachtung. Seit 2006 ist auch das prächtige Raumensemble des Historischen Grünen Gewölbe wieder so zu erleben, wie es 1733 beim Tod des Gründers bestanden hatte. Wiederauferstanden ist ein Gesamtkunstwerk des Barock, in dem der Besucher fast schon rauschhaft den Reichtum und die Schönheit der Schatz- und Goldschmiedekunst, der Elfenbeinschnitzereien und Bronzestatuetten erleben kann.

INTRODUCTION

The Grünes Gewölbe in Dresden is one of the few »Schatzkammern« in Europe to have preserved its original collection in virtually authentic form. The origins of the collection lie in the »Geheime Verwahrung« (privy treasury) installed in the west wing of the palace around 1550 by Elector Augustus of Saxony. Individual architectural elements such as the capitals of the columns in the Treasury, which was not accessible to a wider public until the early 18th century, were painted green: the term »Grünes Gewölbe« or »green vault« has been in use since 1586. In 1723 Augustus the Strong decreed the construction of magnificent rooms in the privy treasury to display his collection, which was to be accessible to the public – something completely new and unique for the »Schatzkammer« of a European aristocratic dynasty. A suite of eight interconnecting rooms whose architectural beauty blended with the rich abundance and quality of the princely treasures to form a unique display, were constructed under the direction of Matthäus Daniel Pöppelmann. A theatrically conceived display grouped according to materials evoked a gradual crescendo, diminuendo and renewed crescendo of sensual experience as the visitor progressed from room to room. These rooms were unchanged for almost two centuries. When in 1938 war was imminent, the art treasures were taken to the Fortress of Königstein. On 13 February 1945, the palace was consumed by flames and three of the eight rooms were destroyed. The Red Army transported the precious objects to the Soviet Union where they remained until 1958. After their return, part of the collection was displayed at the Albertinum. In 2004 the New Grünes Gewölbe was opened on the first floor of the rebuilt palace with 1089 exhibits. The modern style of presentation centres on the works of art in all their splendour and variety and enables the visitor to inspect them individually and at close quarters. Since 2006 it has also been possible to experience the magnificent suite of rooms of the Historic Grünes Gewölbe as it existed in 1733 at the time of its founder's death. A »Gesamtkunstwerk« of the Baroque period has been recreated, in which the visitor experiences the intoxicating display of the wealth and beauty of the »Schatzkunst«, goldsmith's art, carved ivories and bronze statuettes.

はじめに

ドレスデンの「緑の丸天井」は、当時の面影を残すヨーロッパ有数の宝物館です。ここに展示されているコレクションの起源は、1550年頃ザクセン選帝侯アウグストによって宝物館西翼に建てられた「秘蔵宝庫」にさかのぼります。18世紀前半まで非公開であったこの宝物庫は、支柱の柱頭など建築内装の一部が緑色に塗られていたことから、1586年以来「緑の丸天井」と呼ばれています。1723年、アウグスト強王はこの秘蔵宝庫内に、公開できるヨーロッパの王宮宝物室として特別な美的空間となるよう、荘厳なコレクションにふさわしい内装を命じました。そして、マットイス・ダニエル・ペッペルマンの指揮のもと、壮大で潤沢な王宮宝物と内装の美とが独特の展示様式に融合する八部屋の広間が創り出されました。ここを訪れた人々は、そのコレクションの類別によって考え抜かれた劇的な作品群の配置により、室内を鑑賞していくに従って、自らの感情がゆっくりと高揚し、治まり、そしてまた高揚させられるという、感性極まる経験に誘われたのです。この広間は約200年もの間改装されることなく存続してきましたが、第二次世界大戦直前の1938年、これらの美術品はケーニッヒシュタイン要塞に移されました。1945年2月13日には王宮が炎上し、この八つの広間のうち三つは破壊されました。その後、赤露軍によってソビエト連邦に宝物が運び出されてしまい、ドレスデンに戻って来たのは1958年のことでした。宝物の返還後は、アルベルティヌムにてコレクションが展示されていましたが、2004年に再建された宮殿二階に1089の展示品を以って「新しい緑の丸天井」がオープンしました。この近代的な展示では、これら芸術品はその壮麗さと多様さが前面に押し出され、肌で感じ取れる至近距離から鑑賞できるようになっています。また、2006年以降はこの創始者が亡くなった1733年当時の様相を忠実に再現した「歴史的な緑の丸天井」との華麗な空間アンサンブルを体験することができるようになりました。宝飾品および金銀細工の名作、象牙製の工芸品やブロンズ彫刻などの美と富を誇るバロック総合芸術は、ここを訪れる人たちを陶酔させることでしょう。

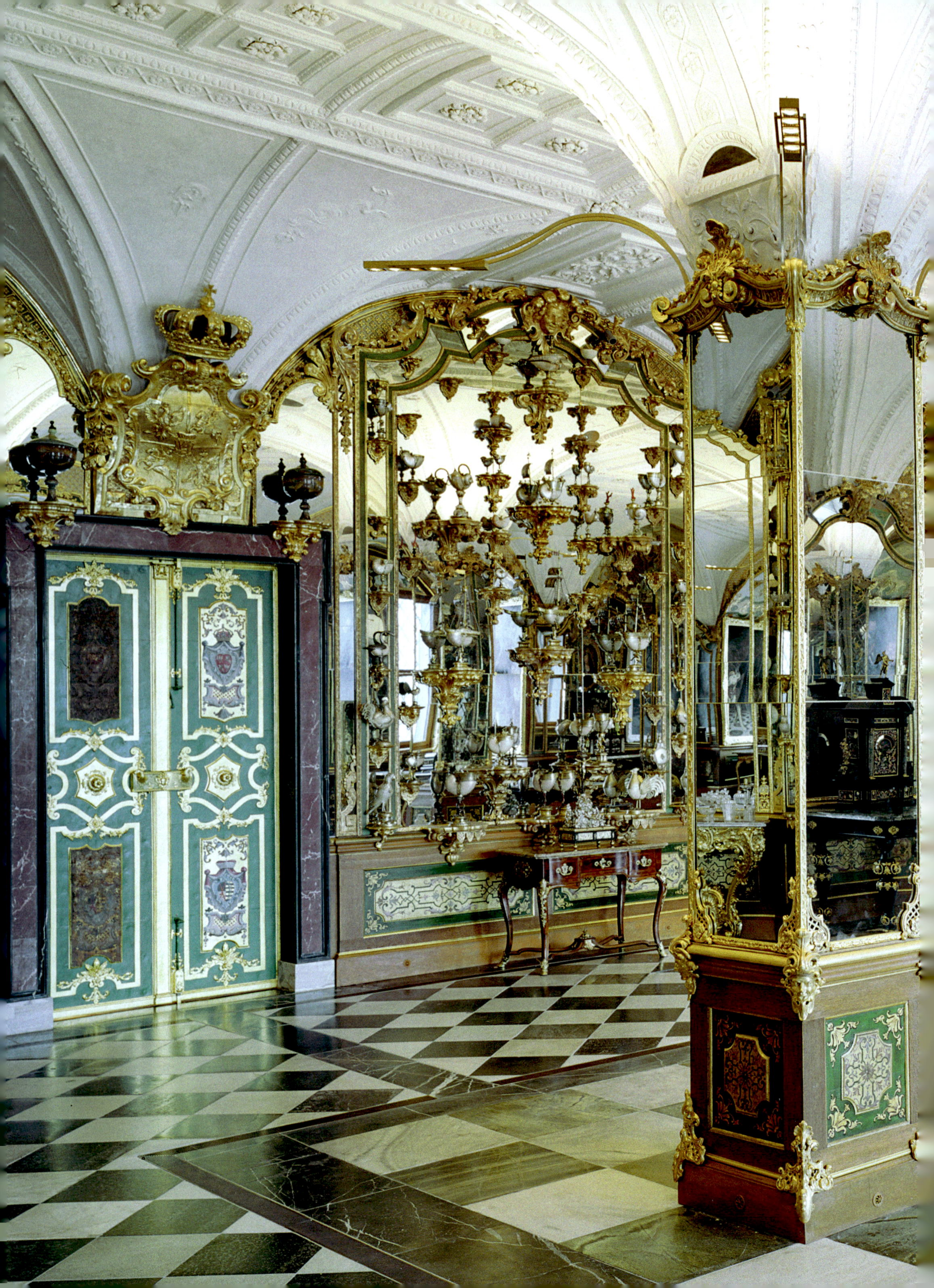

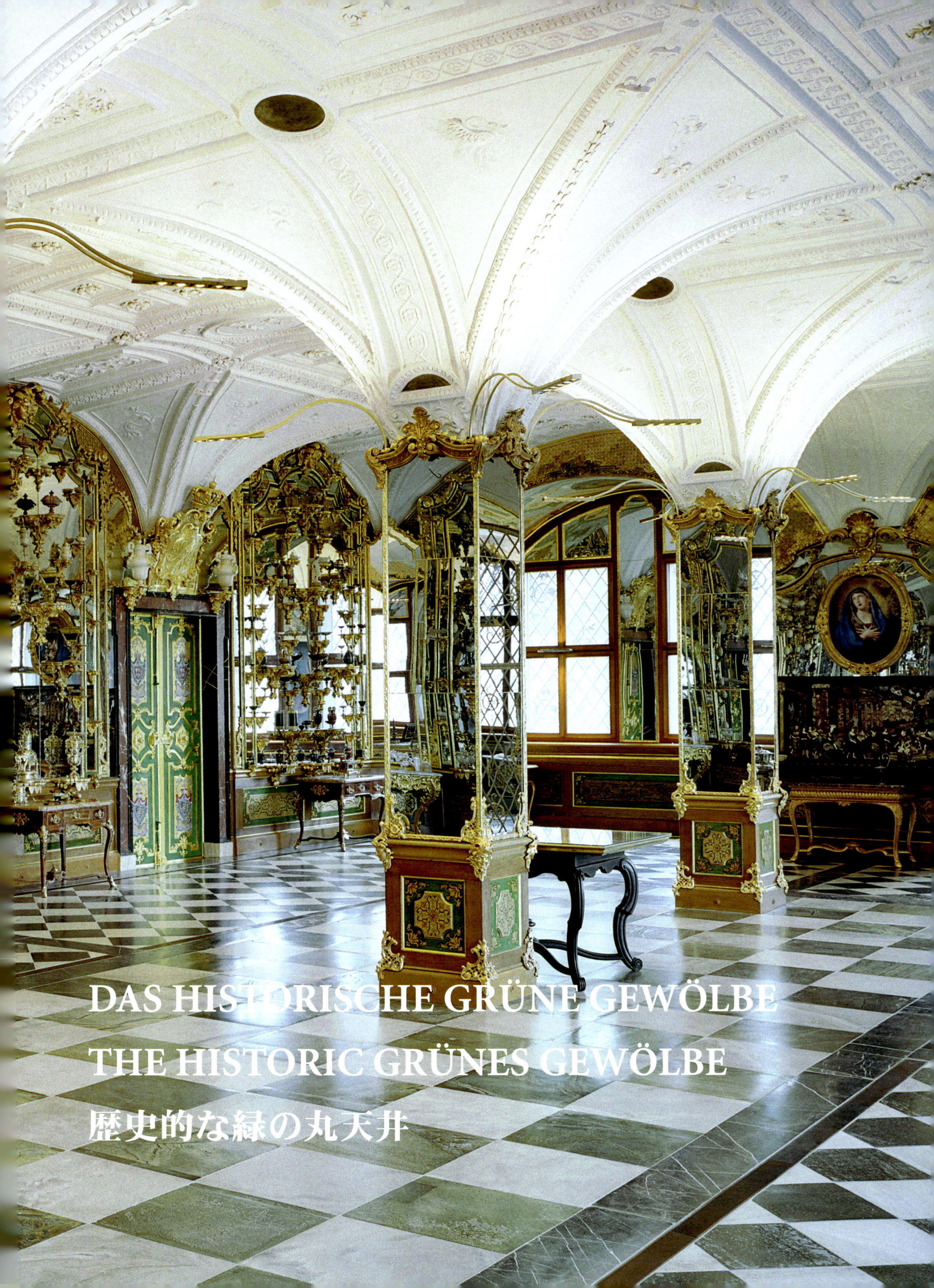
DAS HISTORISCHE GRÜNE GEWÖLBE
THE HISTORIC GRÜNES GEWÖLBE
歴史的な緑の丸天井

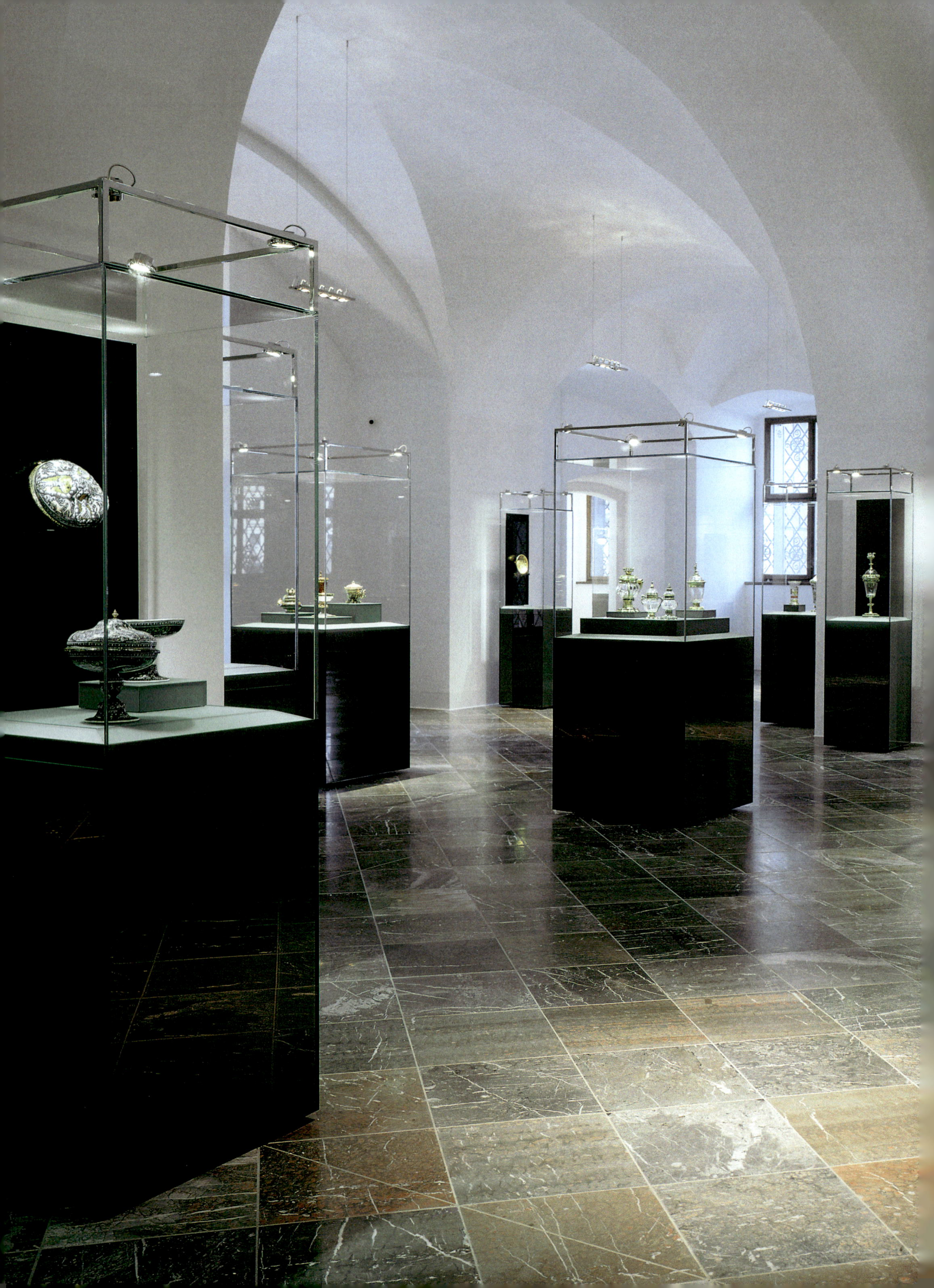

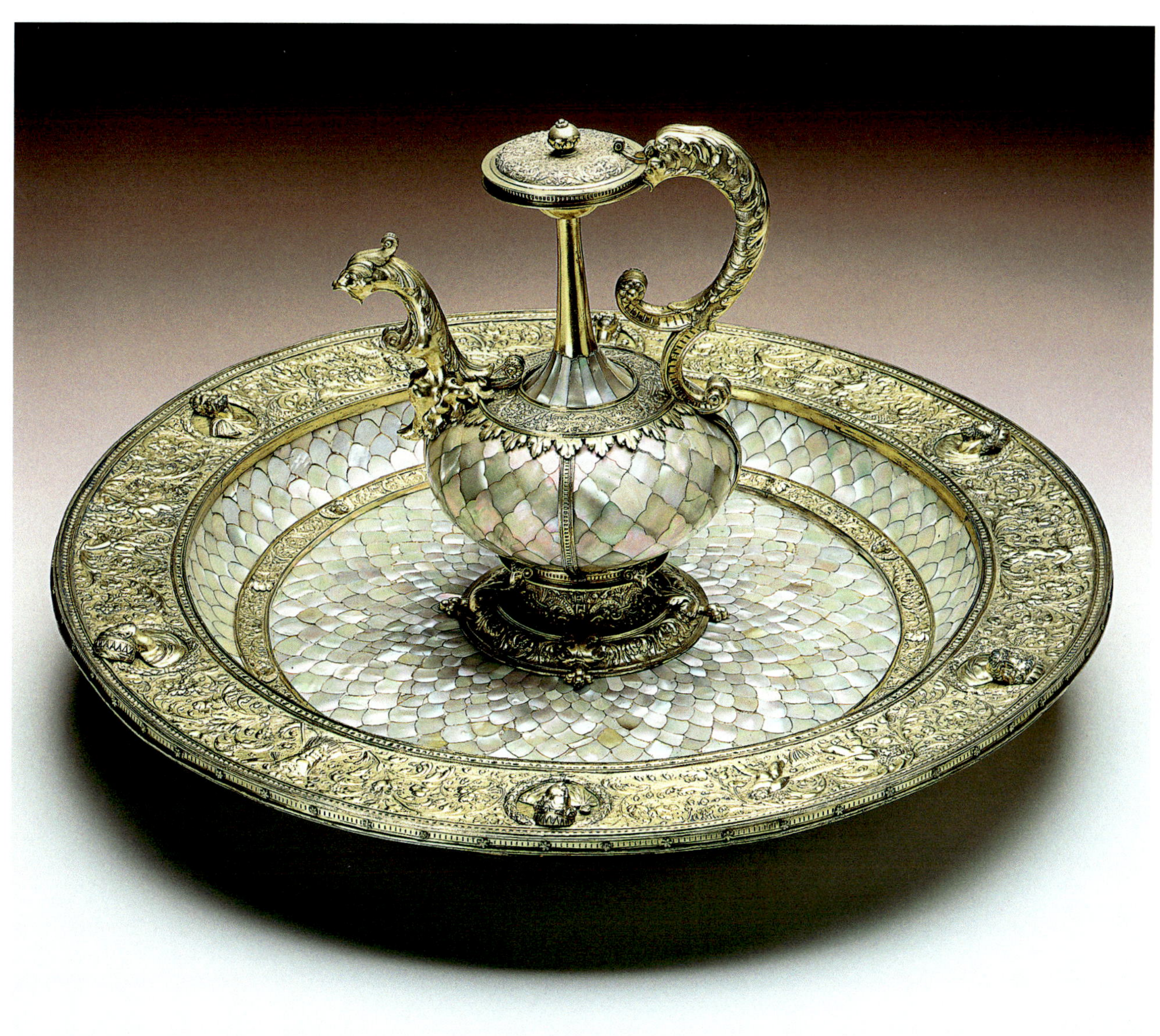

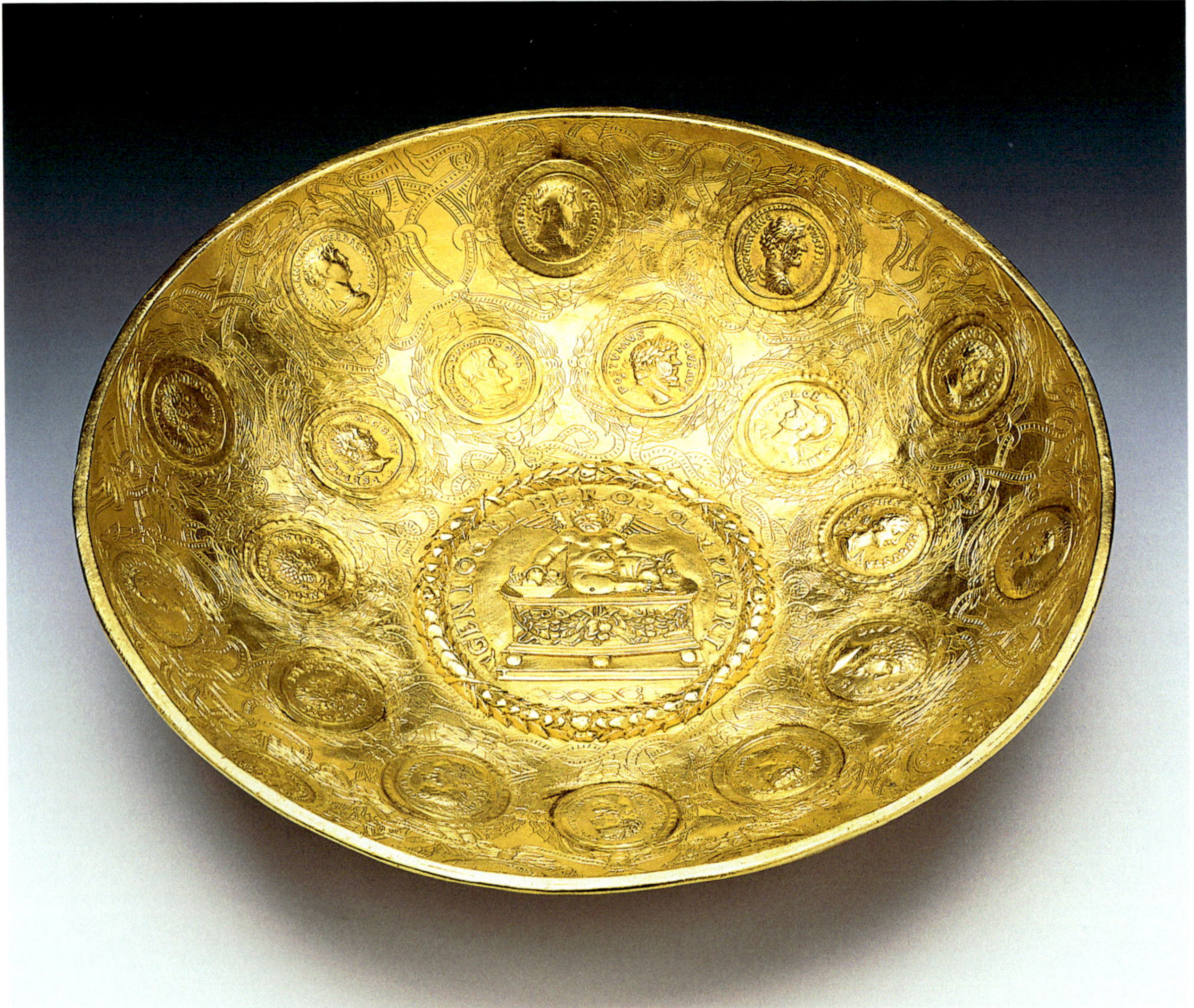

1] **Perlmutterbecken und Kanne:** Die dicht von Perlmutterplättchen bedeckten Kanne und Becken wurden über portugiesische Händler aus Gujarat im nordwestlichen Indien nach Süddeutschland importiert. Wahrscheinlich in Nürnberg erhielten die Gefäße um 1540 ihre künstlerisch hervorragende Fassung.
Mother of pearl basin and ewer: This ewer and basin densely covered in mother of pearl tesserae were imported to Southern Germany from Gujurat in North West India via Portuguese dealers. The vessels were probably fitted with their artistically exquisite mounts in Nuremberg around 1540.
真珠層の水盤とポット: 貝殻を敷き詰めて装飾されたポットと水盤。北西インド、グヤラートより、ポルトガル商人を通して南ドイツに持ち込まれたもの。おそらく、これらの容器の豪華な縁取りはニュルンベルクにて1540年頃に装飾されたものと推定。

2] **Trinkschale des Augustin Kesenbrot:** Propst Augustin Kesenbrot, der mächtigste Beamte Ungarns, stiftete die aus Gold und 22 römischen Münzen bestehende, wertvolle Schale, die lateinische Inschriften auf der Unter- und Innenseite aufweist.
Drinking bowl of Augustin Kesenbrot: Provost Augustin Kesenbrot, the most powerful official in Hungary presented the precious bowl made of gold and 22 Roman coins with inscriptions in Latin on the underside and inside as a gift.
アウグスティン・ケーゼンブロートの杯: 司教座教会首席司祭でハンガリー最強の官公吏アウグスティン・ケーゼンブロート寄贈の杯。金製。22のローマ金貨に加え、内側と外側にラテン語碑銘を刻んだ高価な金杯。

3] **Erzengel Michael im Kampf mit dem Bösen:** Bei diesem kurz vor 1600 in München oder Augsburg gefertigten Schnitzwerk stößt der Erzengel Michael, der hier als Kämpfer für den protestantischen Glauben steht, mit seinem Speer Satan aus dem Himmel.
Archangel Michael struggling with Satan: In this piece of carving made in Munich or Augsburg shortly before 1600 Archangel Michael, who is here portrayed as a fighter for the Protestant faith, uses his spear to expel Satan from Heaven.
悪と戦う大天使ミカエル: 1600年より少し前にミュンヘンまたはアウグスブルクで制作された彫刻作品。ここでは、大天使ミカエルが新教プロテスタントの闘士として、槍で天の悪魔サタンを撃つ姿が表現される。

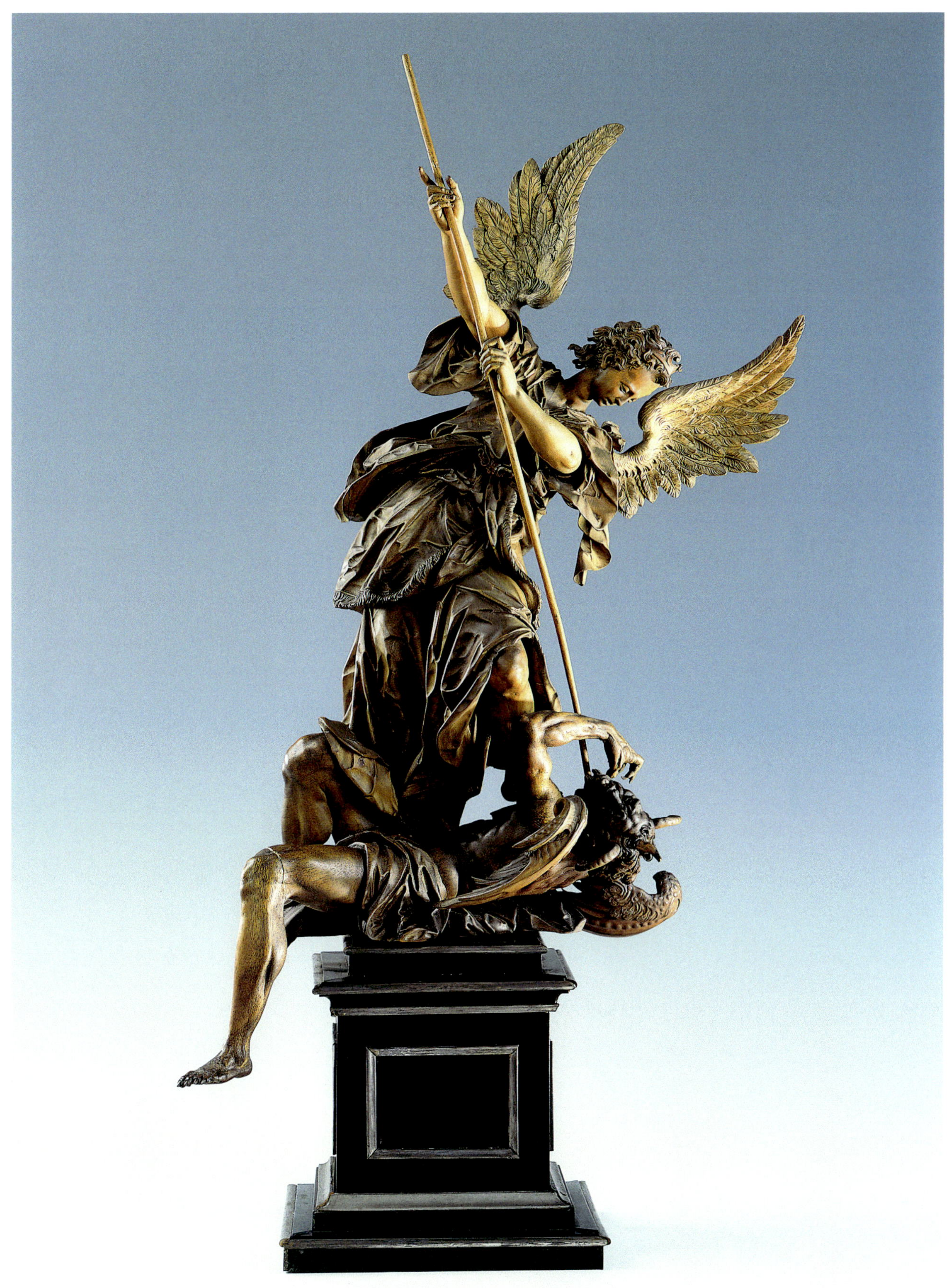

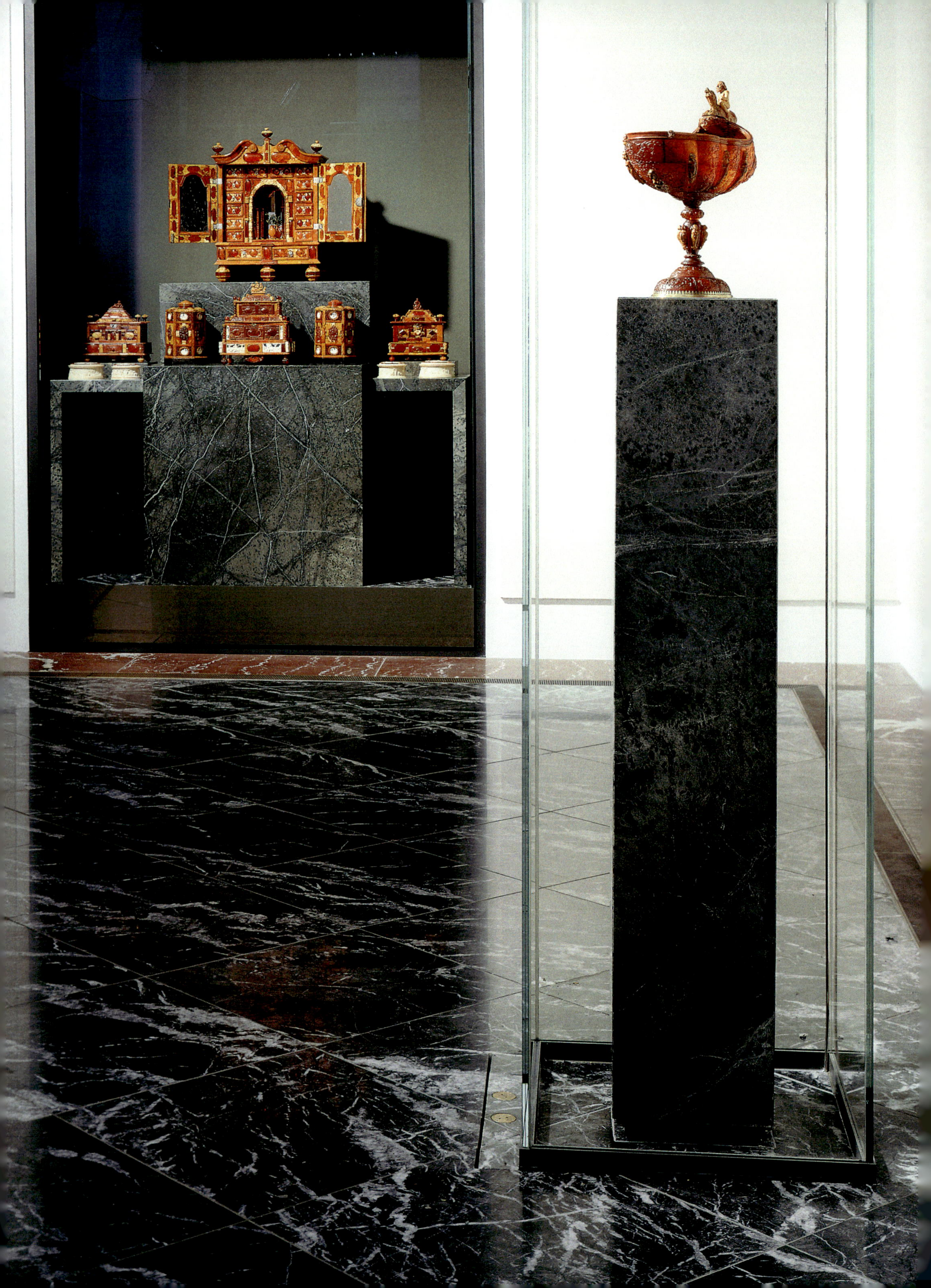

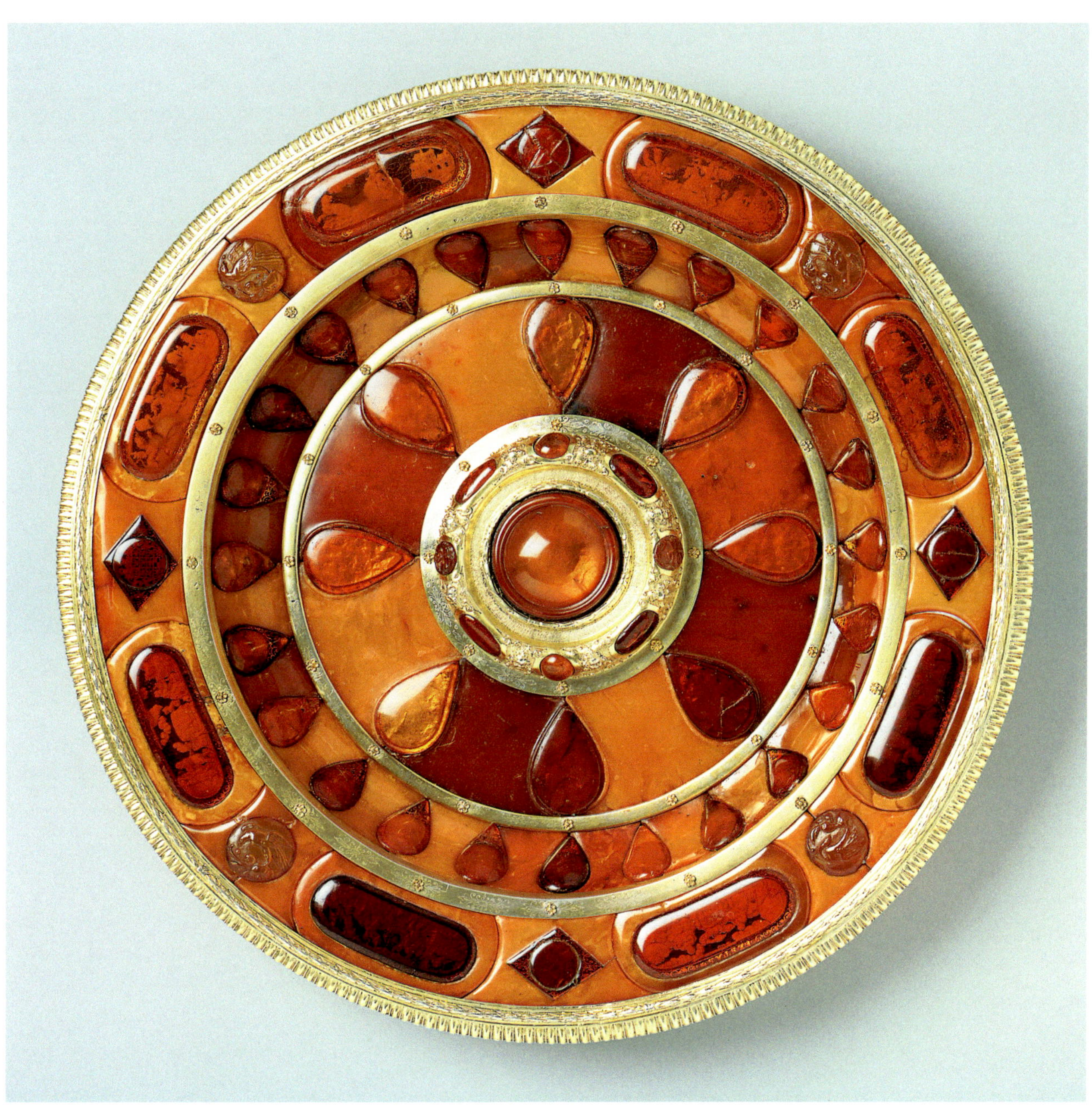

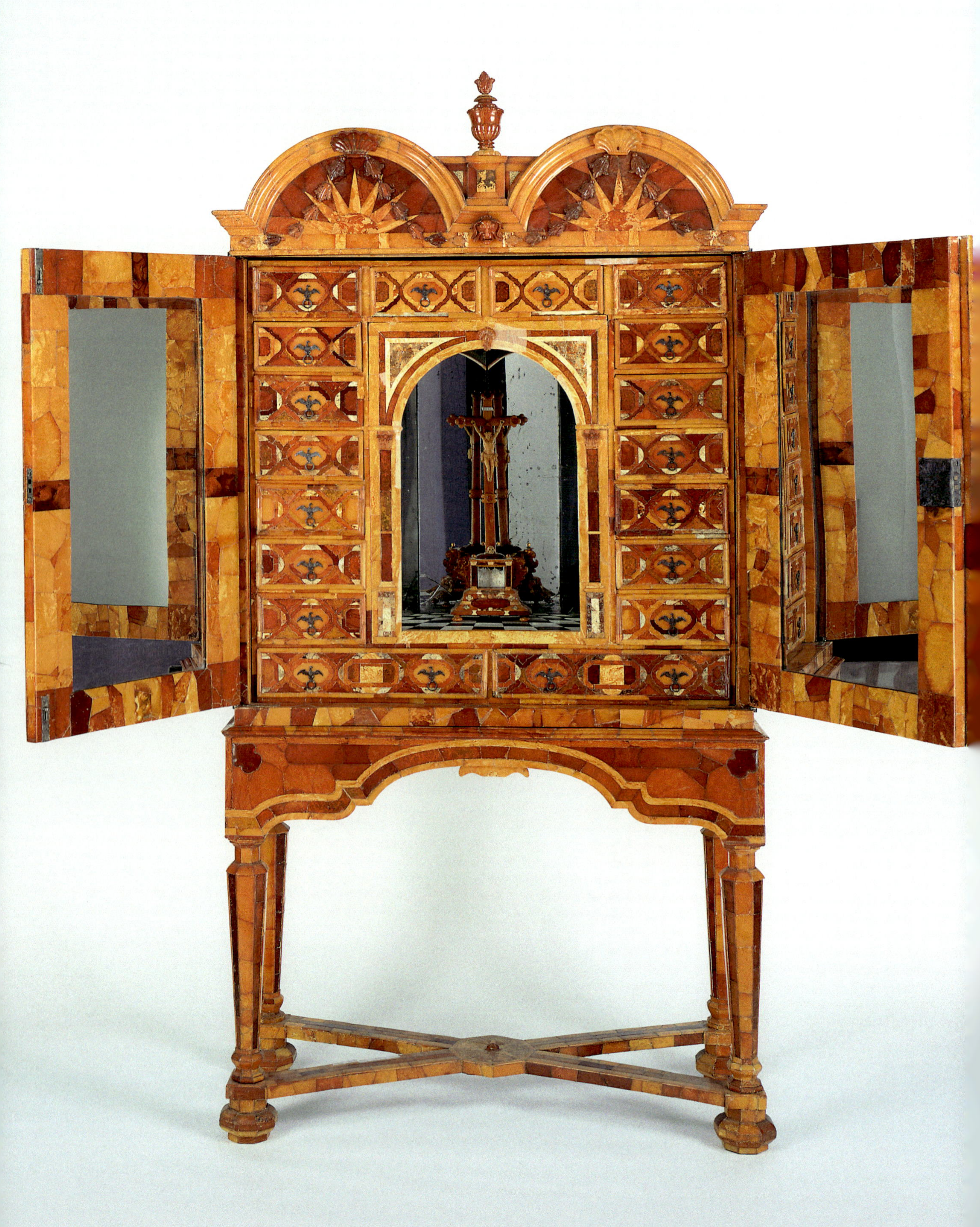

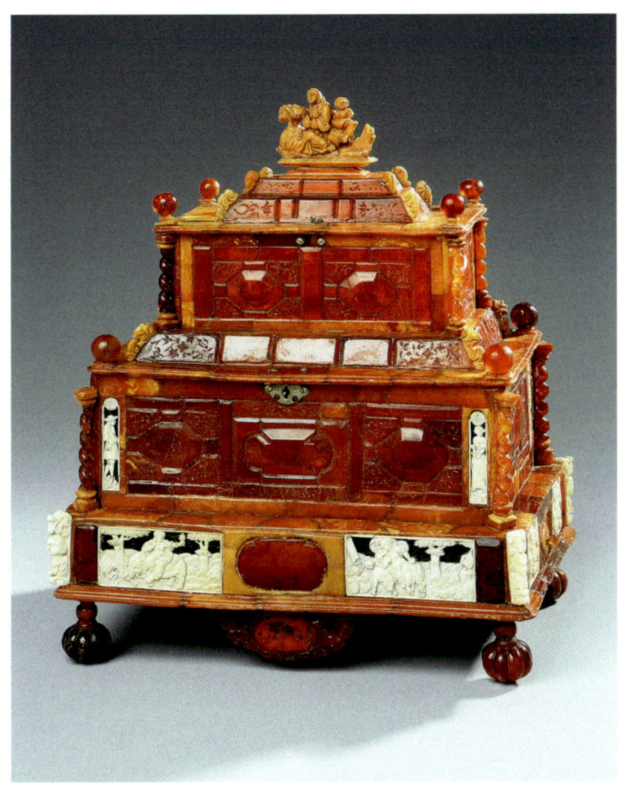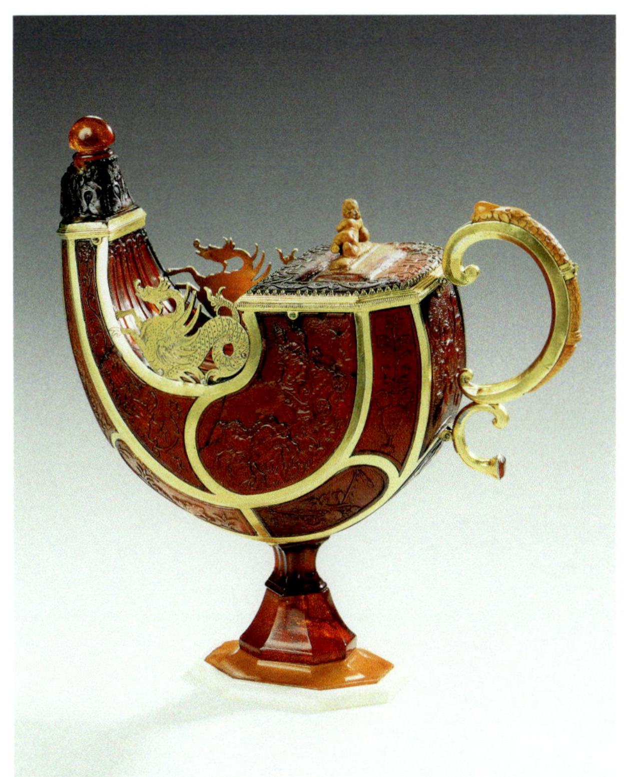

1] **Großes Becken:** Am Rand der Bernstein-Schale, die um 1605–07 in Königsberg entstanden ist, erkennt man winzige Reliefs, die die vier Jahreszeiten und die Gründer der »Vier antiken Weltmonarchien« (Julius Caesar, Alexander der Große, Ninos von Assyrien, Cyrus von Persien) darstellen.
   Large basin: On the rim of the amber vessel, which was made in Königsberg around 1605–07, there are tiny reliefs representing the four seasons and the founders of the »four ancient empires« (Julius Caesar, Alexander the Great, Ninos of Assyria, Cyrus of Persia).
   琥珀の大水盤: 鉢の縁取り部分（1605–07年頃。ケーニクスベルクで制作）にある小さなレリーフでは、四季ならびに古代世界の四大君主国創始者（ユリウス・カエサル、アレクサンダー大王、アッシリア王ニノス、ペルシャ王 キュロス）を表現。

2] **Kabinettschrank:** August der Starke erhielt den Schrank 1728 vom preußischen König, Friedrich Wilhelm I. Er ist das größte, heute noch erhaltene Kunstwerk aus Bernstein.
   Cabinet: Augustus the Strong was given this cabinet in 1728 by Friedrich Wilhelm I, King of Prussia. It is the largest work in amber preserved today.
   キャビネット戸棚: アウグスト強王が1728年にプロイセンの王フリードリッヒ・ヴィルヘルム一世より受け取ったもの。今日なお現存する最大の琥珀芸術作品。

3] **Kassette:** Dieses kleine Wunderwerk aus Bernstein (1675–80) enthält zwei aufeinander montierte Schatullen und zwei Schubladen an den Schmalseiten. Die Elfenbeinreliefs auf der Sockelzone zeigen allegorische Darstellungen der vier Erdteile.
   Casket: This small but miraculous work in amber (1675–80) contains two caskets mounted one upon the other and two drawers on the sides. The ivory reliefs on the base show allegorical representations of the four continents.
   手箱: 琥珀による驚異的な芸術作品（1675–80年）。二段重ねの宝石箱と側面に二つの引き出しを備えた小さな手箱。台座部分にある象牙のレリーフは四大陸を比喩的に表現。

4] **Kanne:** Die unter anderem mit Blumen, Früchten, Grotesken und Ranken, zwei Drachen aus Silberblech und einem Putto verzierte Kanne (1620–30) stammt von Georg Schreiber, der zu den ersten beiden Meistern der 1641 in Königsberg gegründeten Bernsteindreherzunft gehörte.
   Ewer: This ewer embellished with flowers, fruit, grotesqueries and garlands, two dragons in silver foil and a cherub (1620–30) was made by Georg Schreiber who was one of the first two master craftsmen of the guild of amber turners founded in 1641 in Königsberg.
   ポット: 花、果物、グロテスク模様と蔓、二頭の竜（銀板製）と一人の童子像で装飾されたポット（1620–30年）。ゲオルク・シュライバー作。1641年、ケーニクスベルクで創立された琥珀施盤工組合ツンフトに属する最初の二人のマイスターのうちの一人。

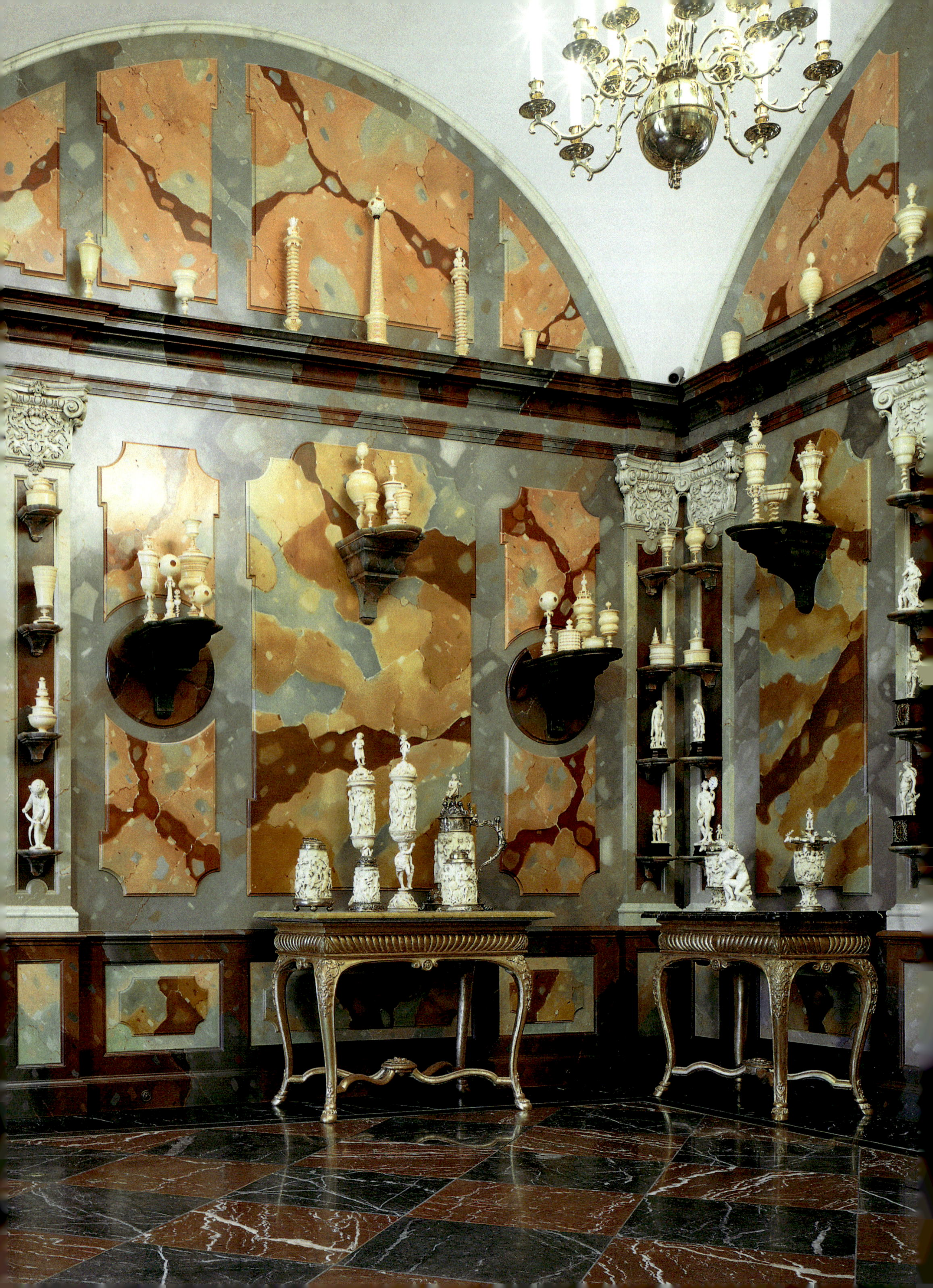

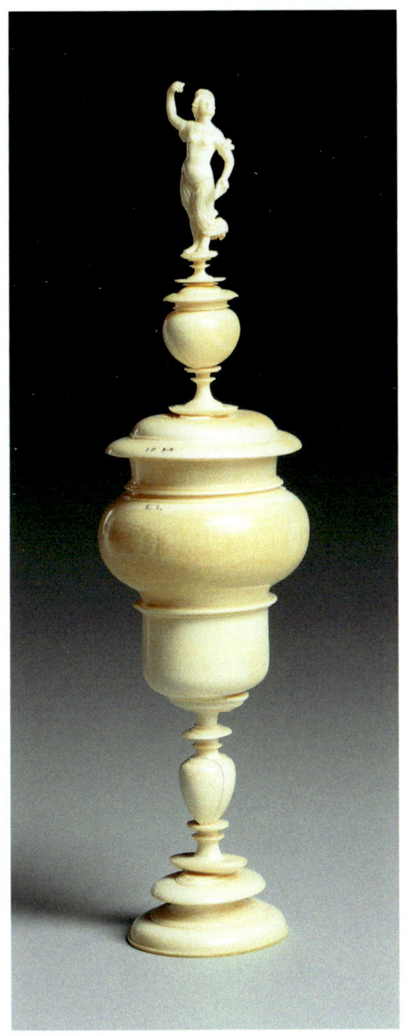

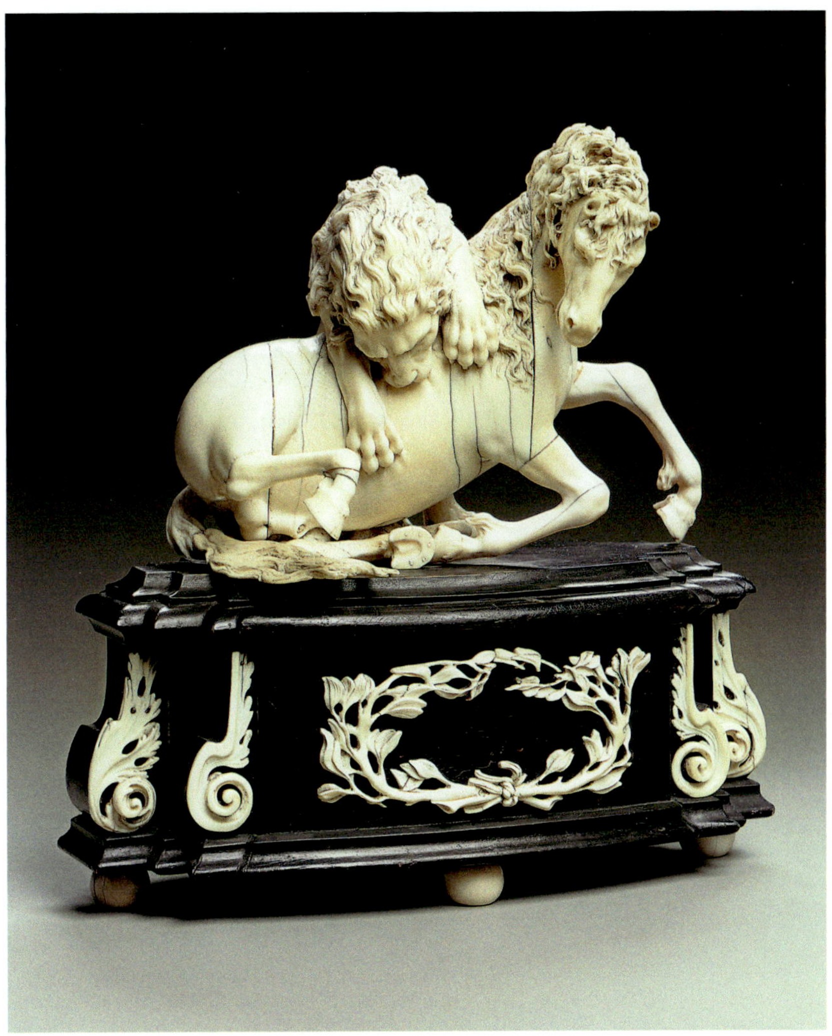

1] **Deckelpokal mit Minerva als Bekrönungsfigur:** Egidius Lobenigk, der diesen Pokal 1590 signierte, machte zusammen mit Georg Wecker die Drechselkammer im Dresdner Schloss zu einer berühmten Werkstatt.
Covered cup crowned with a figure of Minerva: Together with Georg Wecker Egidius Lobenigk, who signed this cup in 1590, transformed the ivory-turning room at the Dresden palace into a famous workshop.
ミネルヴァの像を冠に頂く蓋付き酒杯: 1590年、エギディウス・ロベニックの署名入り。ゲオルク・ヴェッカーと共にドレスデン宮殿の施盤細工室を有名な工房の一つに成しえた人物。

2] **Pferd und Löwe:** Die aus Elfenbein geschnitzte dramatische Tierkampfszene fertigte um 1670 der aus Dresden stammende Melchior Barthel, der Hofbildhauer von Johann Georg II. war.
Horse and lion: This dramatic scene carved in ivory of animals fighting was created around 1670 by Melchior Barthel from Dresden, who was court sculptor to Johann Georg II.
馬とライオン: 象牙製。1670年頃、ドレスデン出身のメルヒオル・バーテル作。動物の格闘シーンがドラマチックに表現された彫刻。メルヒオル・バーテルは、ヨハン・ゲオルクニ世の宮廷彫刻家。

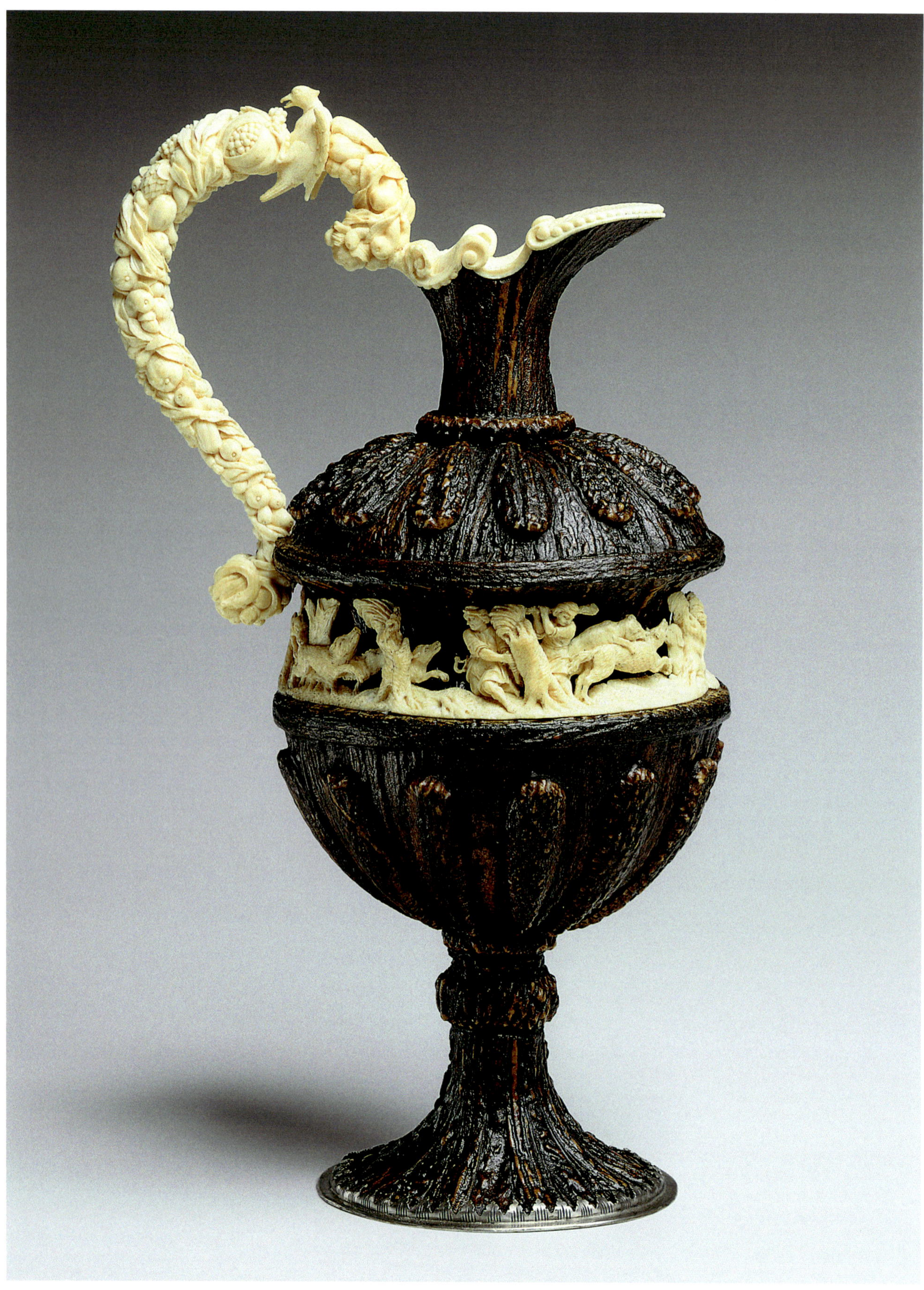

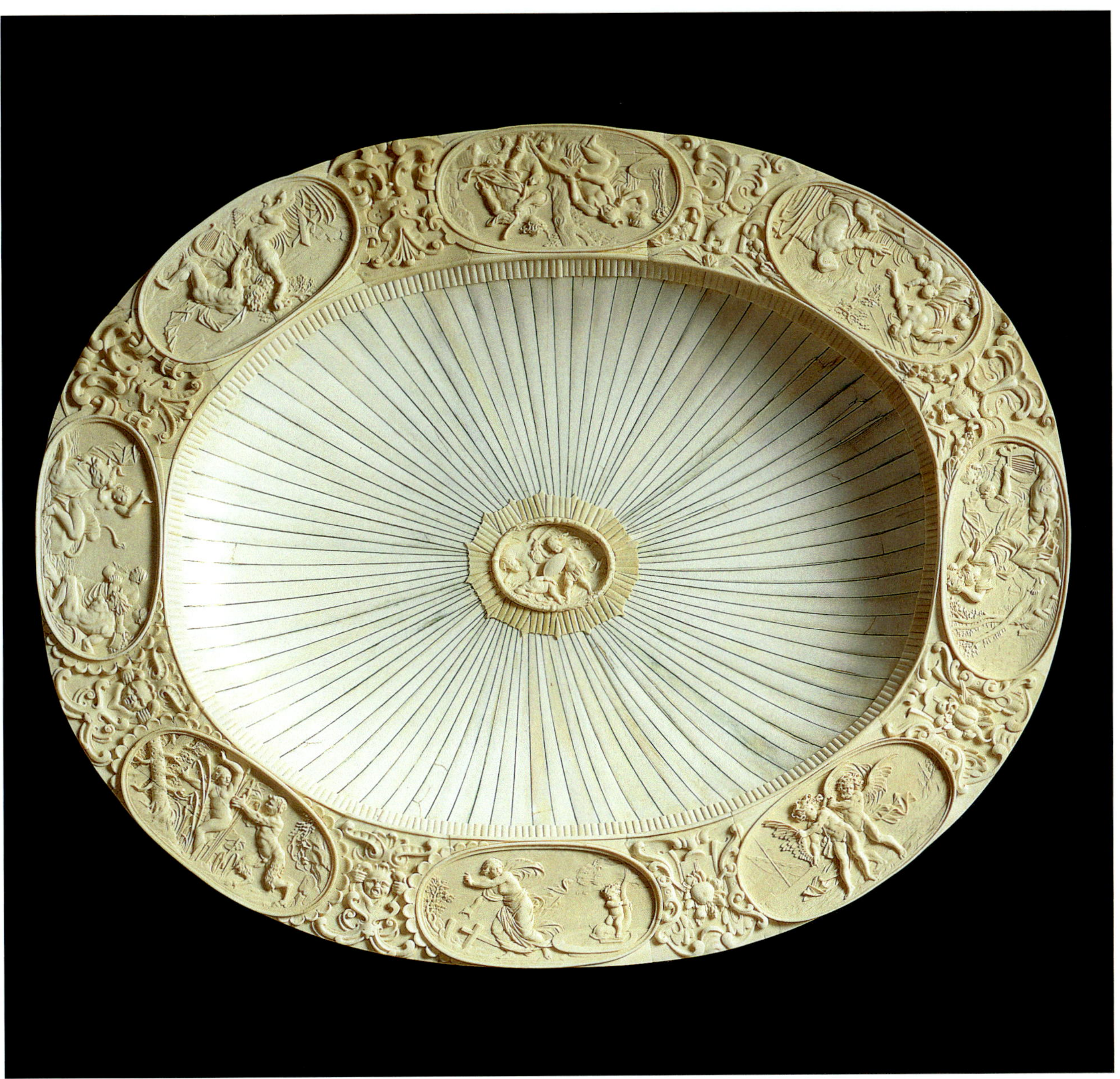

3] **Kanne:** Die aus Hirschhornstücken zusammengefügte Kanne ziert ein Figurenfries aus Elfenbein, der Bauern auf der Jagd zeigt. Sie entstand zwischen 1668 und 88 aus der Hand von Johann Michael Maucher.
Ewer: The ewer made from individual pieces of horn is embellished with a figural frieze in ivory showing peasants hunting. It was made between 1668 and 88 by Johann Michael Maucher.
ポット: 鹿角の破片をつなぎ合わせて作ったこのポットには、農夫の狩猟シーンが象牙製の像で帯状に装飾されている。1668年から88年にかけて制作されたもので、ヨハン・ミヒャエル・マウヒャーの手によるもの。

4] **Becken:** Jedes der neun ovalen Reliefs dieses Beckens aus Hirschhorn und Elfenbein (1670–80) erzählt eine andere Episode aus den *Metamorphosen* von Ovid, dem im 16. und 17. Jahrhundert meist gelesenen antiken Dichter.
Basin: Each of the nine oval reliefs of this basin in horn and ivory (1670–80) relates a different episode from the *Metamorphoses* by Ovid, the most read classical poet in the 16th and 17th centuries.
水盤: 鹿角ならびに象牙製（1670–80年）。水盤に刻まれた楕円形の9つのレリーフには、16、17世紀によく読まれた古代の詩人オウィディウスの「変身物語」の中から、ある一つの変わったエピソードを語っている。

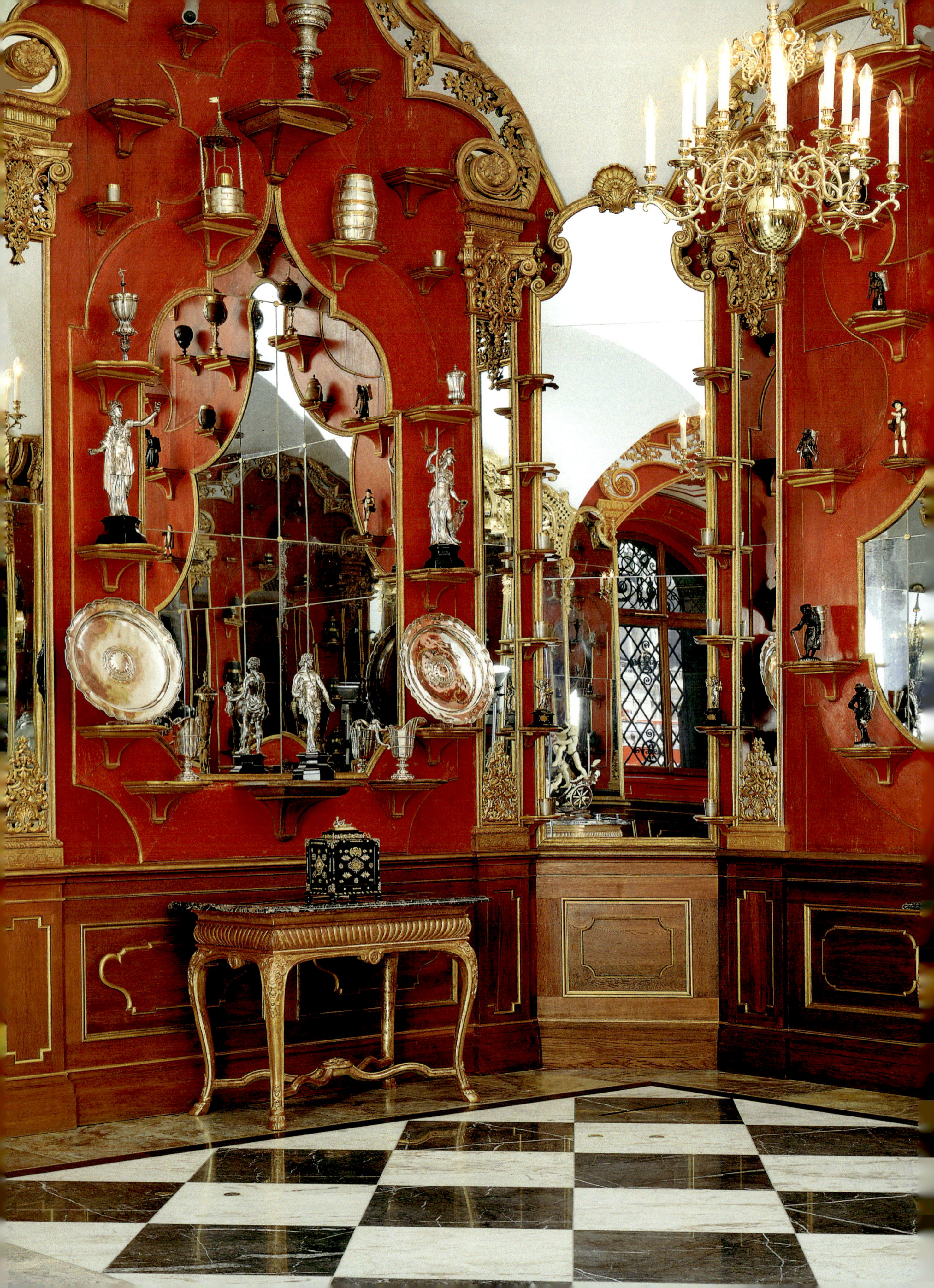

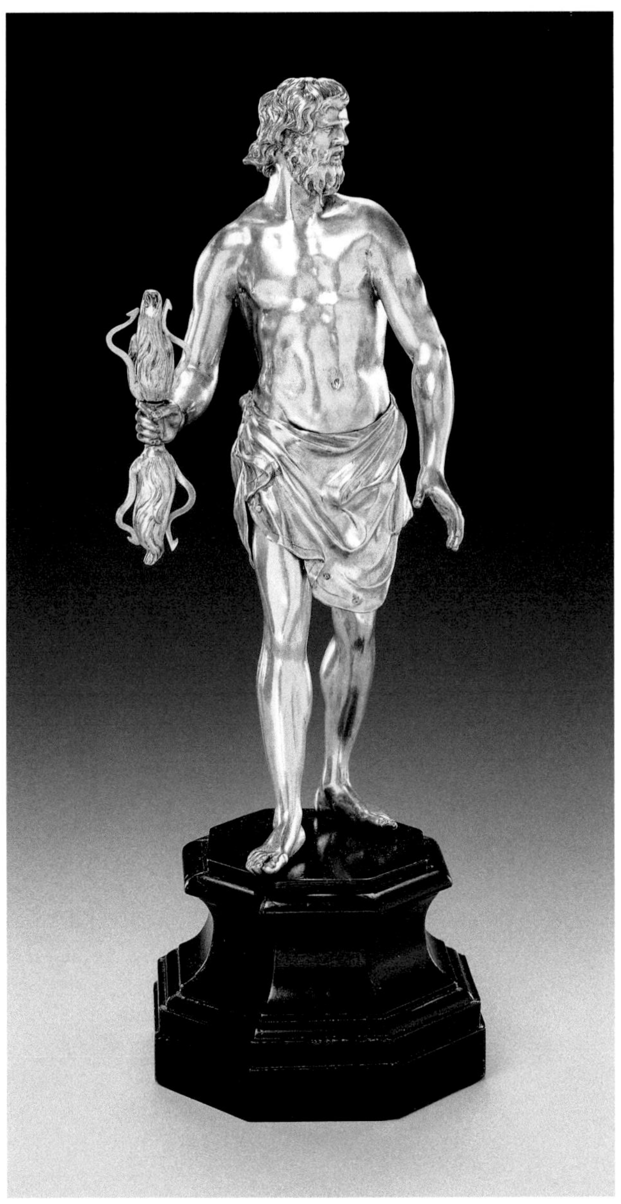

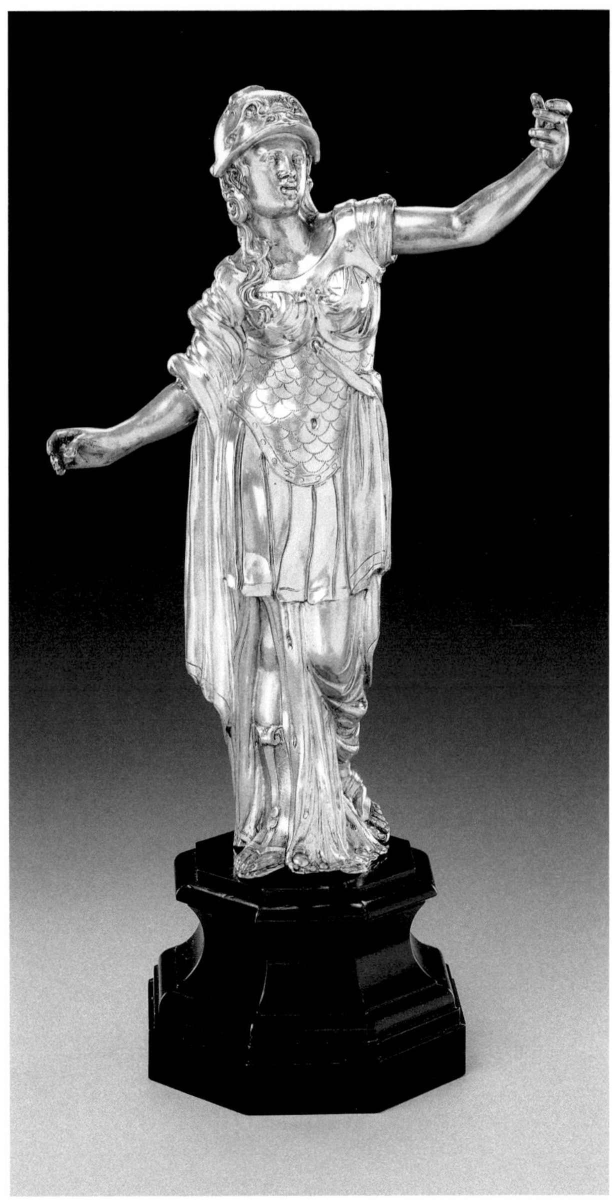

1] **Jupiter und Athena:** Die beiden silbernen Figuren sind – bis auf eine weitere – die einzigen erhaltenen Ausstattungsstücke des Weißsilber-
zimmers, dessen Bestand 1772 eingeschmolzen worden war. Der Augsburger Abraham I Drentwett schuf die Figuren wohl um 1650.
Jupiter and Pallas Athena: The two silver figures are – with the exception of one other – the only surviving pieces from the Silver Room whose
collection was melted down in 1772. Abraham I Drentwett from Augsburg created the figures probably around 1650.
ユピテル（ゼウス）とアテナ: これら二つの銀の彫像は唯一現存する白銀の部屋の装飾品である。1772年、この白銀の部屋の装備品は、
あともう一つの彫像を除き熔解されてしまった。これらの彫像はアウグスブルクのアブラハム一世ドレントヴェットが1650年頃に制作した
ものである。

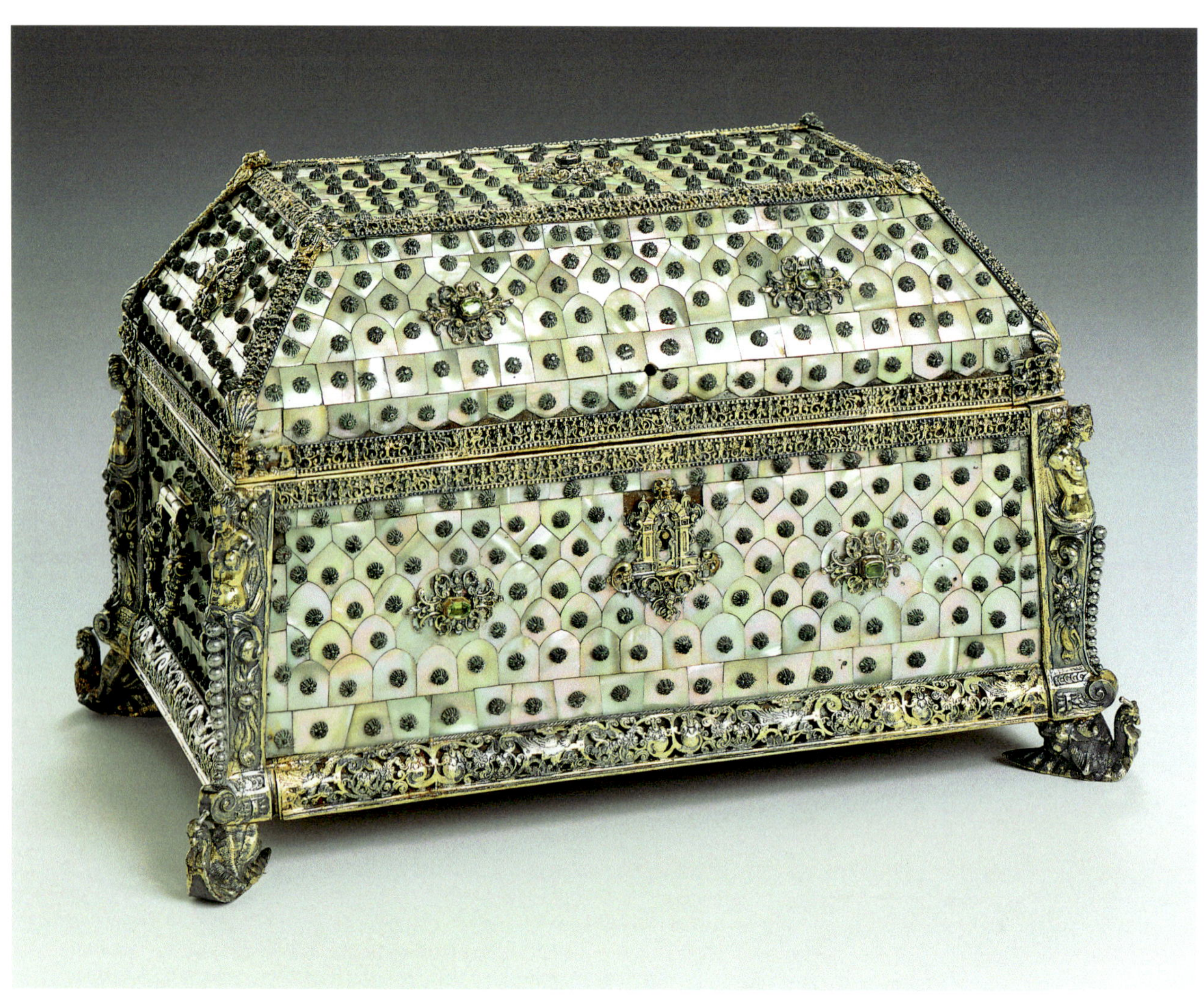

2] **Prunkkassette:** Die indischen Perlmutterarbeiten des 16. Jahrhunderts sind mit Goldschmiedefassungen von Nicolaus Schmidt aus Nürnberg versehen. Das Grüne Gewölbe besitzt weltweit die größte Sammlung an Perlmutterkassetten.
Parade casket: These Indian mother of pearl works from the 16th century were fitted with goldsmith mounts by Nicolaus Schmidt from Nuremberg. The Grünes Gewölbe has the largest collection of mother of pearl caskets worldwide.
華麗な手箱: 16世紀のインド真珠細工。ニュルンベルク出身のニコラウス・シュミッドによる金の縁取り細工。「緑の丸天井」は世界でも最大の真珠手箱コレクションを所蔵。

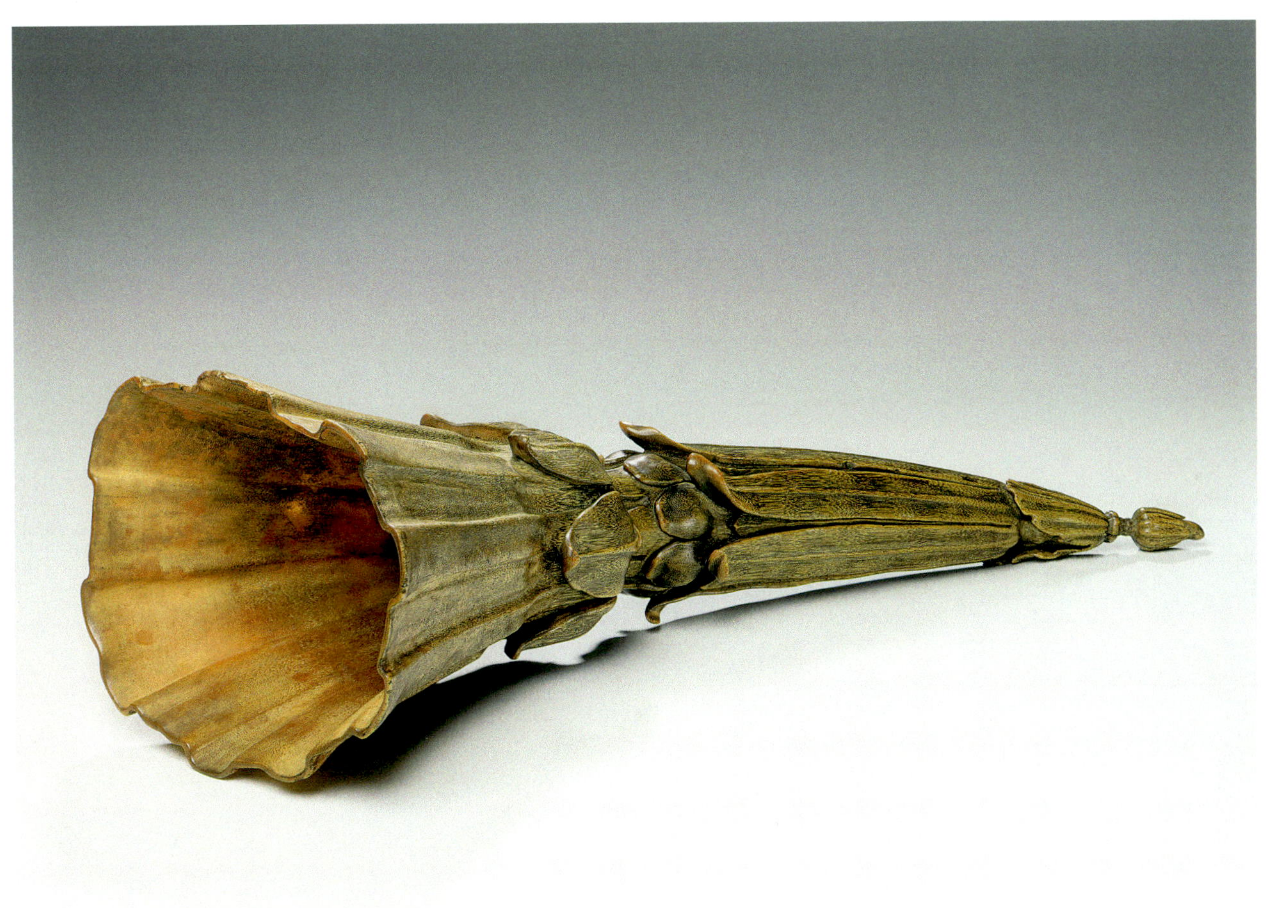

3] **Trinkhorn in Form eines Blütenkelchs:** Das mit 46,5 cm ungewöhnlich große Trinkhorn ist aus afrikanischem Rhinozeroshorn gefertigt. Es stammt wahrscheinlich von Nicolaus Pfaff (Prag, vor 1612).
Drinking horn in the shape of a calyx: This exceptionally long drinking horn (46.5 cm) is made from the horn of an African rhinoceros and was probably created by Nicolaus Pfaff (Prague, before 1612).
花形の杯: 46.5 cmという並外れた大きさの角杯（アフリカサイの角製）。おそらくニコラウス・パフ（プラハ、1612年以前）による作品。

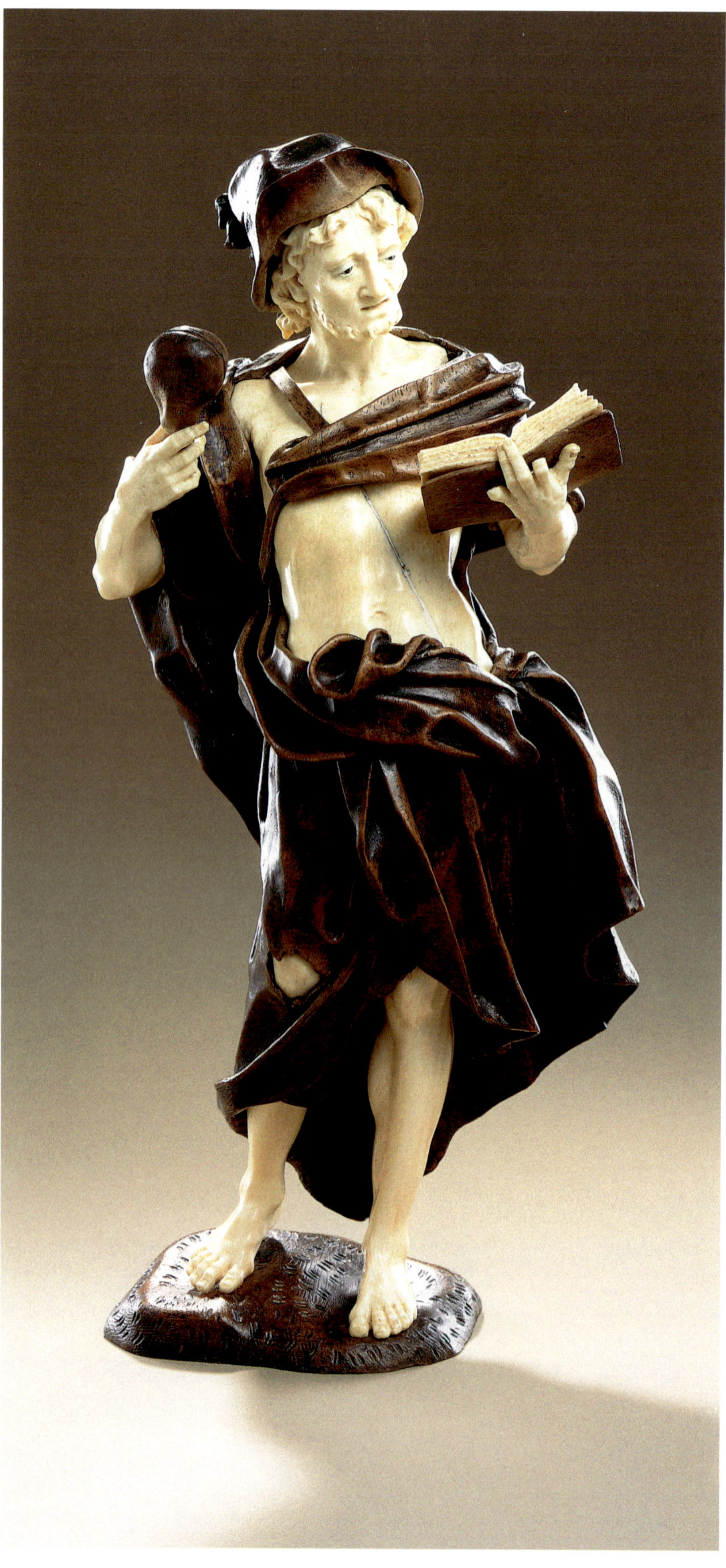

4] **Raub der Proserpina und Bettelmann mit Buch:** Die Figuren bestehen aus einer Vielzahl von einzeln geschnitzten Elfenbeinteilen, die aneinander gefügt wurden. Die Ansatzstellen sind mit hölzernen Gewändern kunstvoll umhüllt. In dieser Technik herausragend war Simon Troger, der in München eine Werkstatt hatte und vor 1750 den »Raub der Proserpina« schuf. Der »Bettelmann« ist von Matthias Kolb (um 1730).

The Rape of Proserpina and Beggar with book: The figures consist of a large number of individually carved ivory pieces joined together. The joints are artfully hidden by garments made of wood. Simon Troger, who had a workshop in Munich and created the »Rape of Proserpina« before 1750, was an outstanding master of this technique. The »Beggar« is by Matthias Kolb (c. 1730).

「プロセルピーナの略奪」と「本を手に持つ乞食」：彫像は個別に彫り刻まれた数多くの象牙部分をつなぎあわせて制作。つなぎ目の部分は、木製の衣服部分で巧みに覆い包まれている。この優れた技術で傑出していたのは、ミュンヘンに工房を持っていたシモン・トローガーで「プロセルピーナの略奪」を制作（1750年以前）。なお、この「乞食」はマティアス・コルプにより1730年頃に制作されたもの。

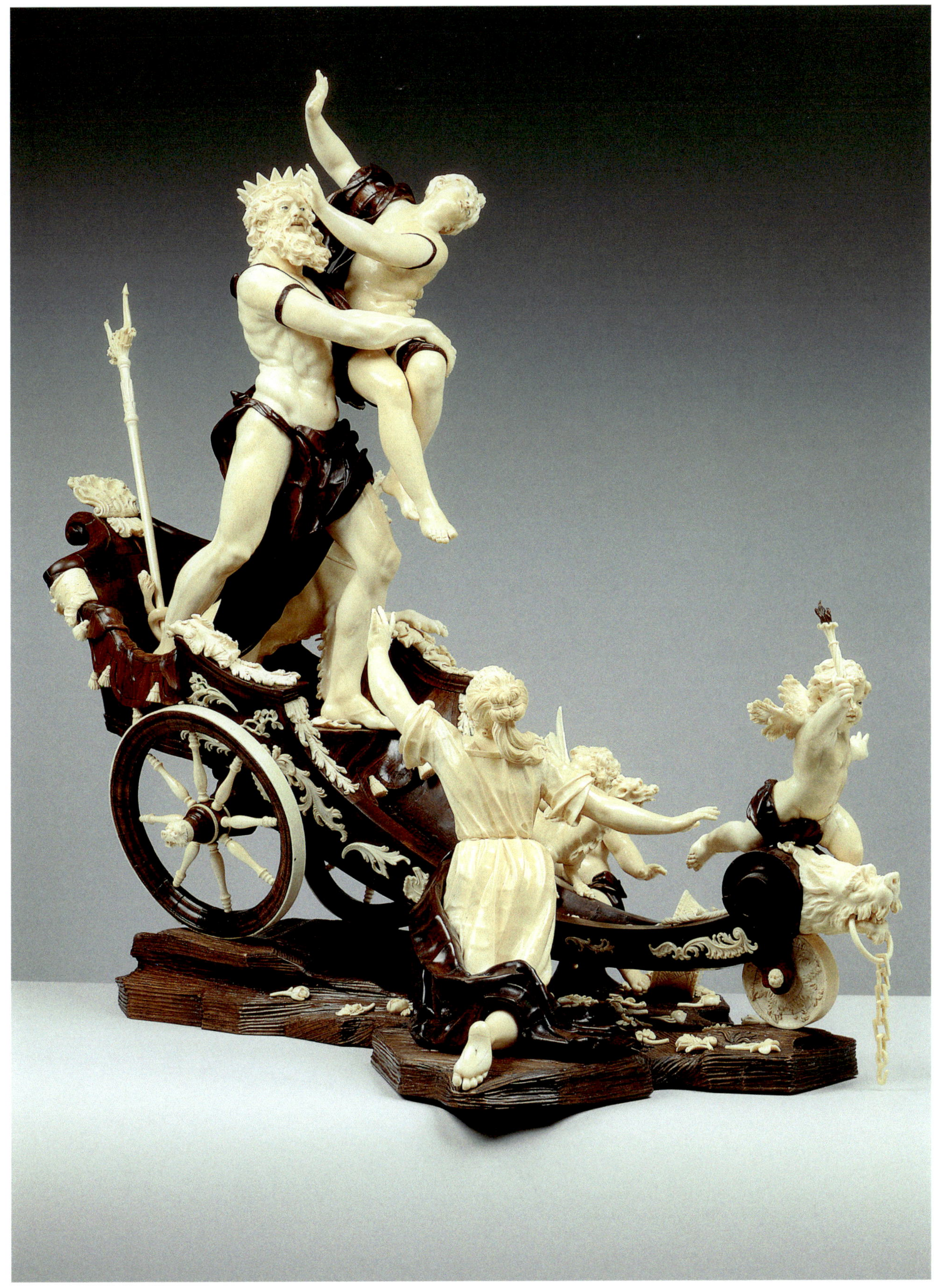

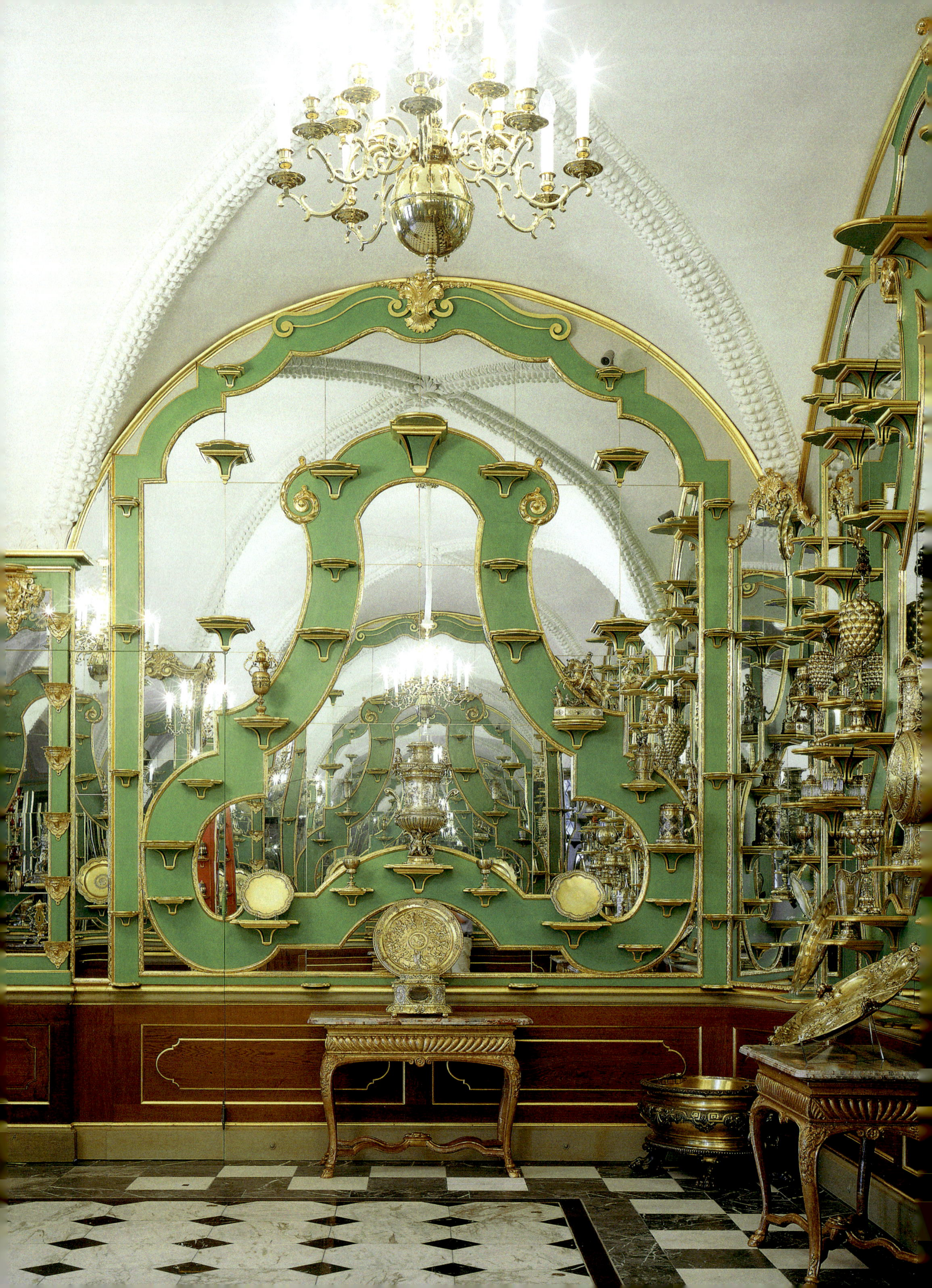

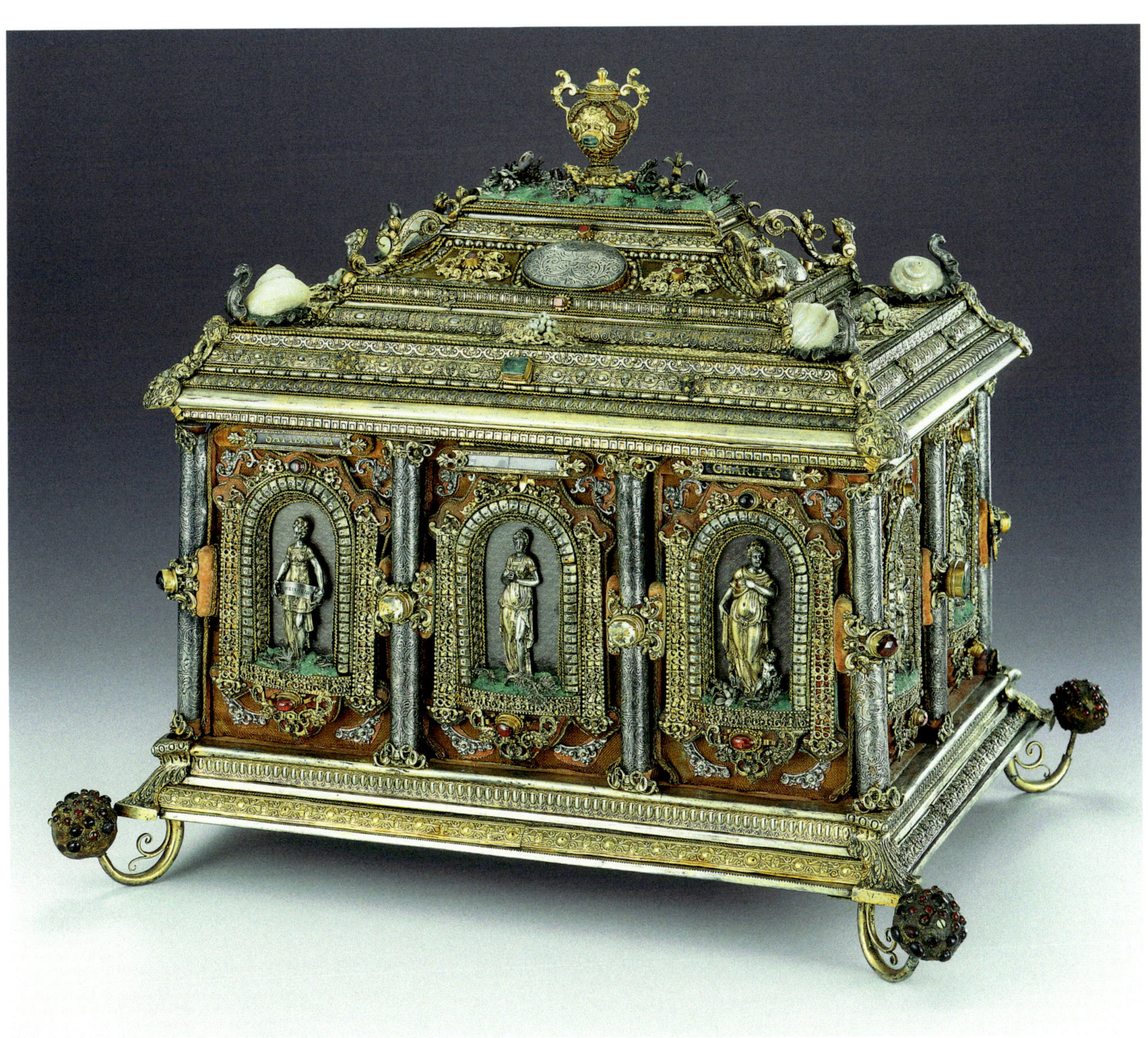

1] **Prunkkassette:** Kurfürst Christian I. erhielt dieses Nähkästchen 1590 als Neujahrsgeschenk von seiner Schwiegermutter, Kurfürstin Elisabeth von Brandenburg.
Parade casket: Elector Christian I received this sewing box in 1590 as a New Year's gift from his mother-in-law, Electress Elisabeth of Brandenburg.
華麗な手箱: 選帝侯クリスティアン一世が、1590年に新年の贈り物として姑の選帝侯妃エリザベート・フォン・ブランデンブルクより受け取った裁縫箱。

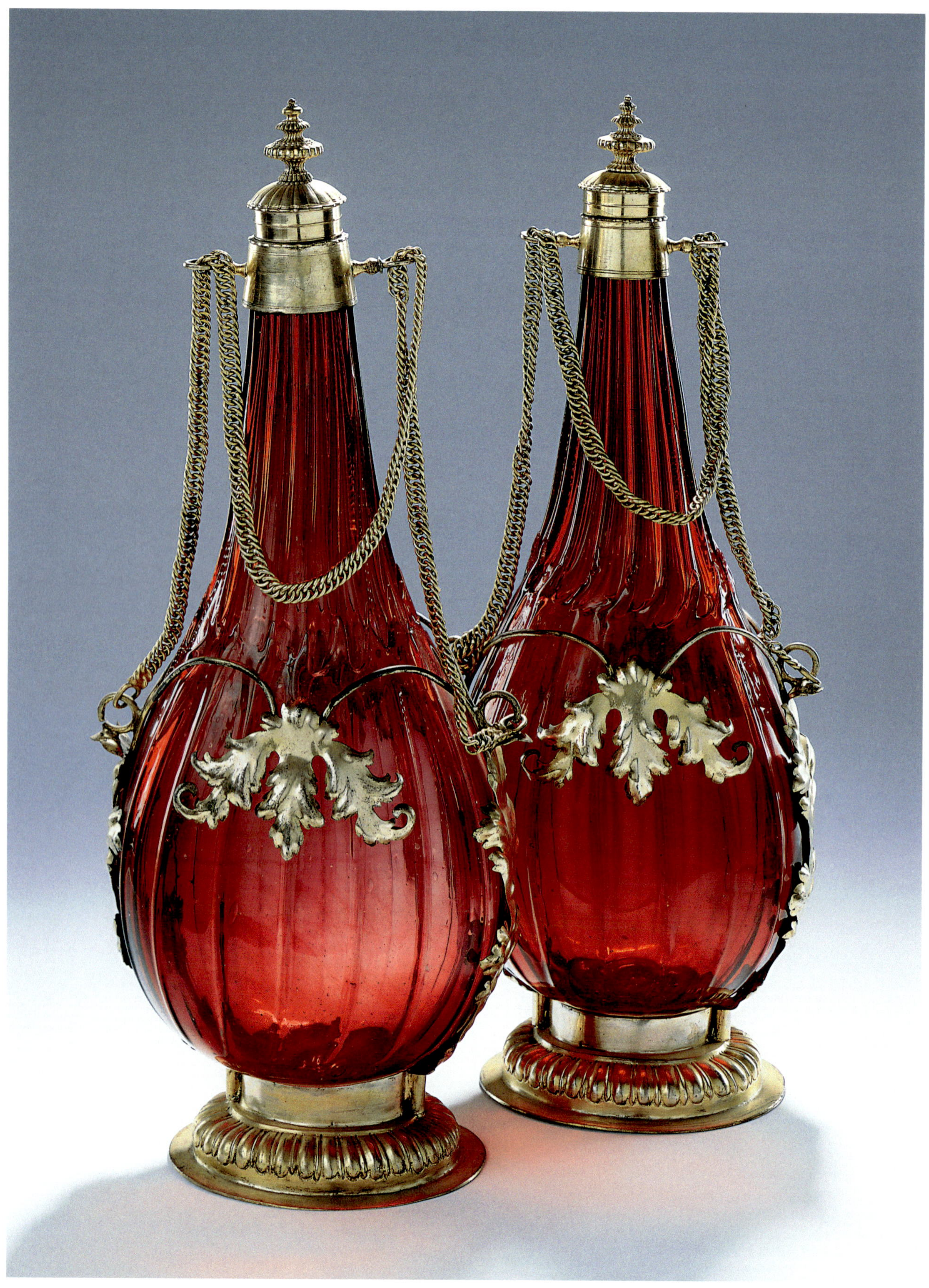

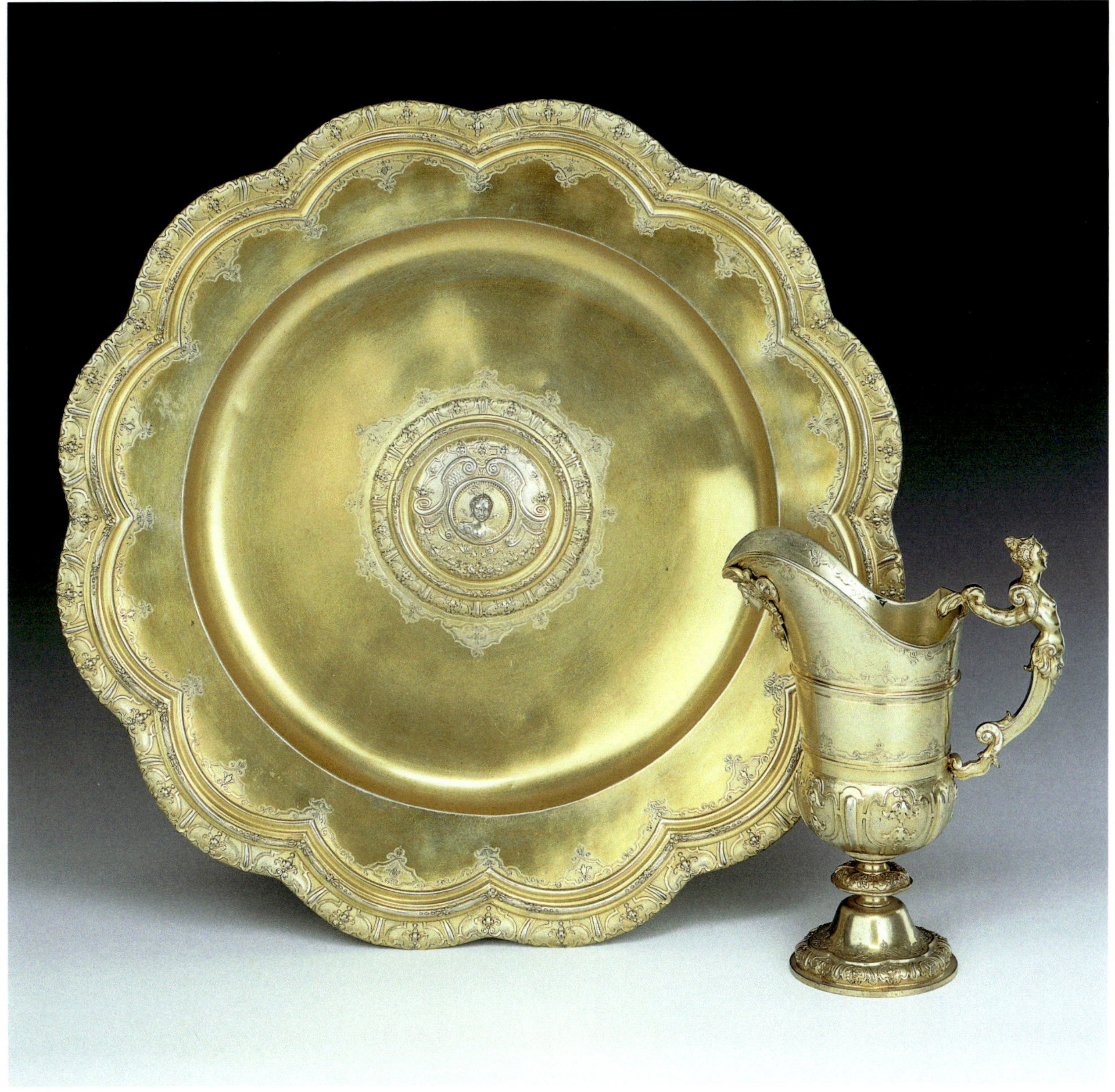

2] **Kettenflaschen:** Die Flaschen sind aus Rubinglas, das in einer äußerst komplizierten Technik hergestellt wurde, die der Alchimist und Glasmacher Johannes Kunckel (1620–1703) erfand. Die silbervergoldete Fassung stammt von Samuel Baur aus Augsburg (1700–05).
Chain bottles: The bottles are made of ruby glass produced by an extremely complicated technique, which was invented by the alchemist and glassmaker Johannes Kunckel (1620–1703). The silver-gilt mount was made by Samuel Baur from Augsburg (1700–05).
チェーンの付いた小瓶: これらの小瓶はルビー色の鉛ガラスで、外側は複雑な技術により製造されたものである。錬金術とガラス細工師の ヨハネス・クンケル（1620–1703年）が考案。銀に金メッキをした縁取り装飾はアウグスブルク出身のサミュエル・バウアー（1700–05年） によるもの。

3] **Kanne und Becken:** Diese edlen Gefäße von Johann Erhard II Heuglin wurden für die Hochzeitsfeierlichkeiten des Kurprinzen mit der Kaisertochter Maria Josepha gefertigt (1717–18). Insgesamt 17 solcher Kanne-und-Becken-Garnituren schmückten 1733 das fast vollständig verspiegelte Silbervergoldete Zimmer.
Ewer and basin: These precious vessels by Johann Erhard II Heuglin were made (1717–18) for the wedding celebrations of the Crown Prince and Maria Josepha, the daughter of the Hapsburg Emperor. In 1733 a total of 17 ewer and basin garnitures of this kind were displayed in this room, which was almost entirely fitted with mirrors.
ポットと水盤: この高貴な器は、ヨハン・エアハルト二世ホイグリンの手によるもので、皇帝の子女マリア・ヨゼファと選帝侯公子の結婚式の ために制作されたもの（1717–18年）。1733年には、このようなポットや皿など計17の容器類一式が、鏡で覆われた光り輝く金塗り銀細工の 部屋を豪華に飾った。

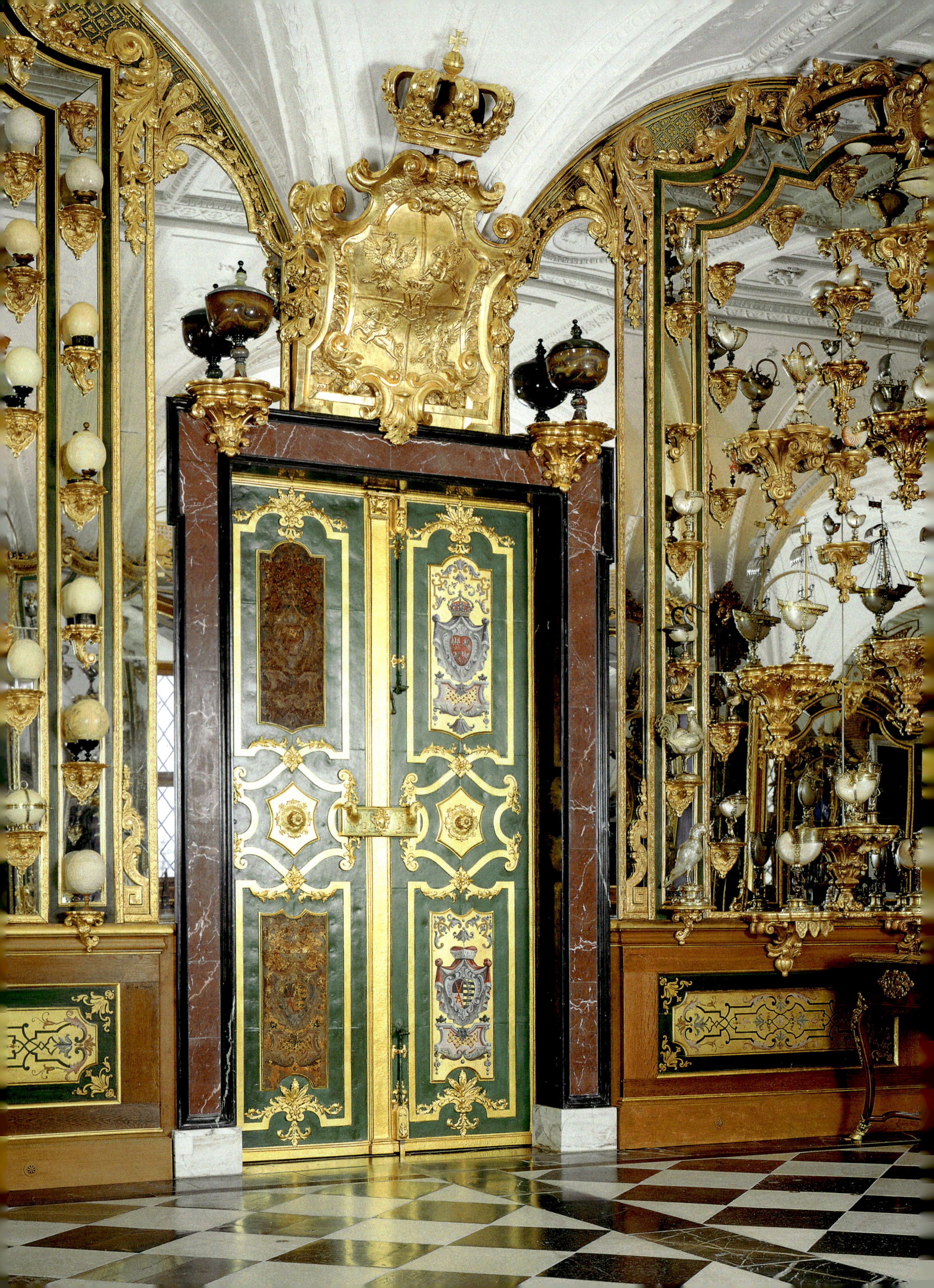

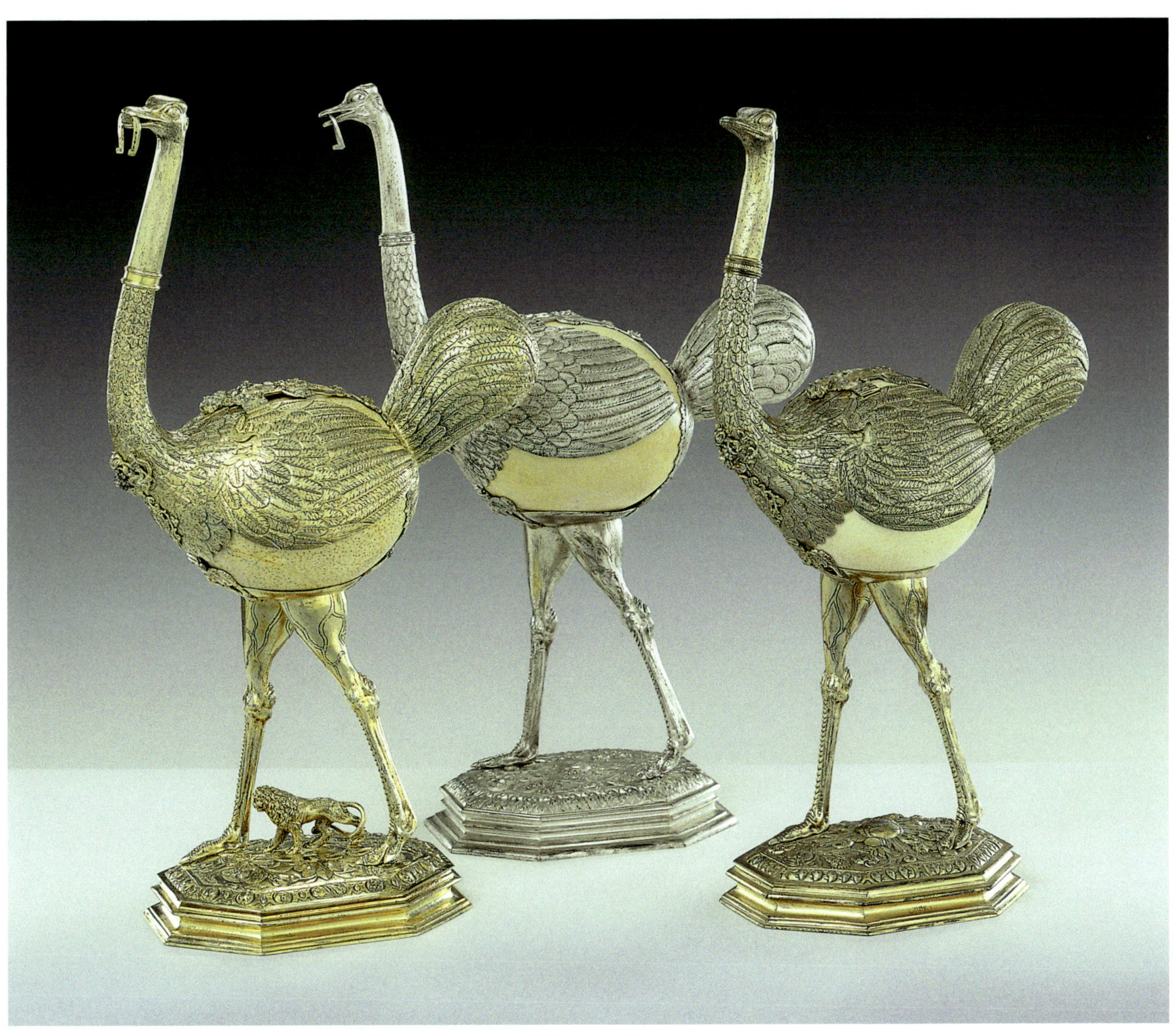

1] **Straußeneipokale:** Der eigenwillige, überaus begabte Leipziger Goldschmied Elias Geyer hatte eine Vorliebe für Skurriles und für
exotische Materialien, was man an den gut 46 cm hohen Straußeneipokalen ablesen kann (1589–95).
Ostrich-egg cup: The eccentric and extremely gifted Leipzig goldsmith Elias Geyer had a predilection for the bizarre and exotic materials,
clearly evidenced by these ostrich-egg cups which are a good 46 cm in height (1589–95).
ダチョウの卵杯: ライプチッヒの金細工師エリアス・ガイアー作。この高さ46 cm のダチョウの卵杯からは、個性的な才能を発揮した
当芸術家の、奇妙でエキゾチックな題材を好んで取り上げた様子が伺える（1589–95年）。

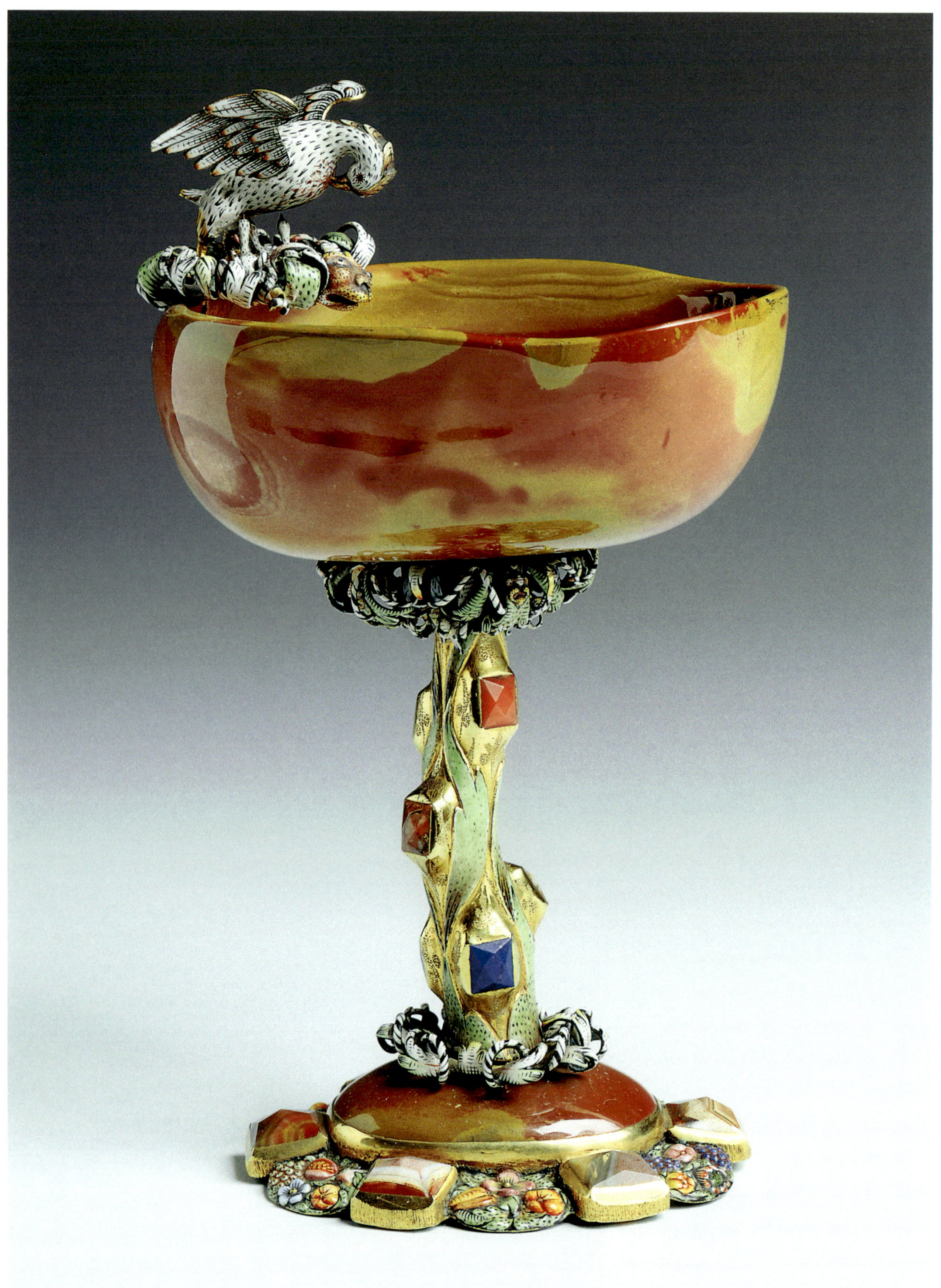

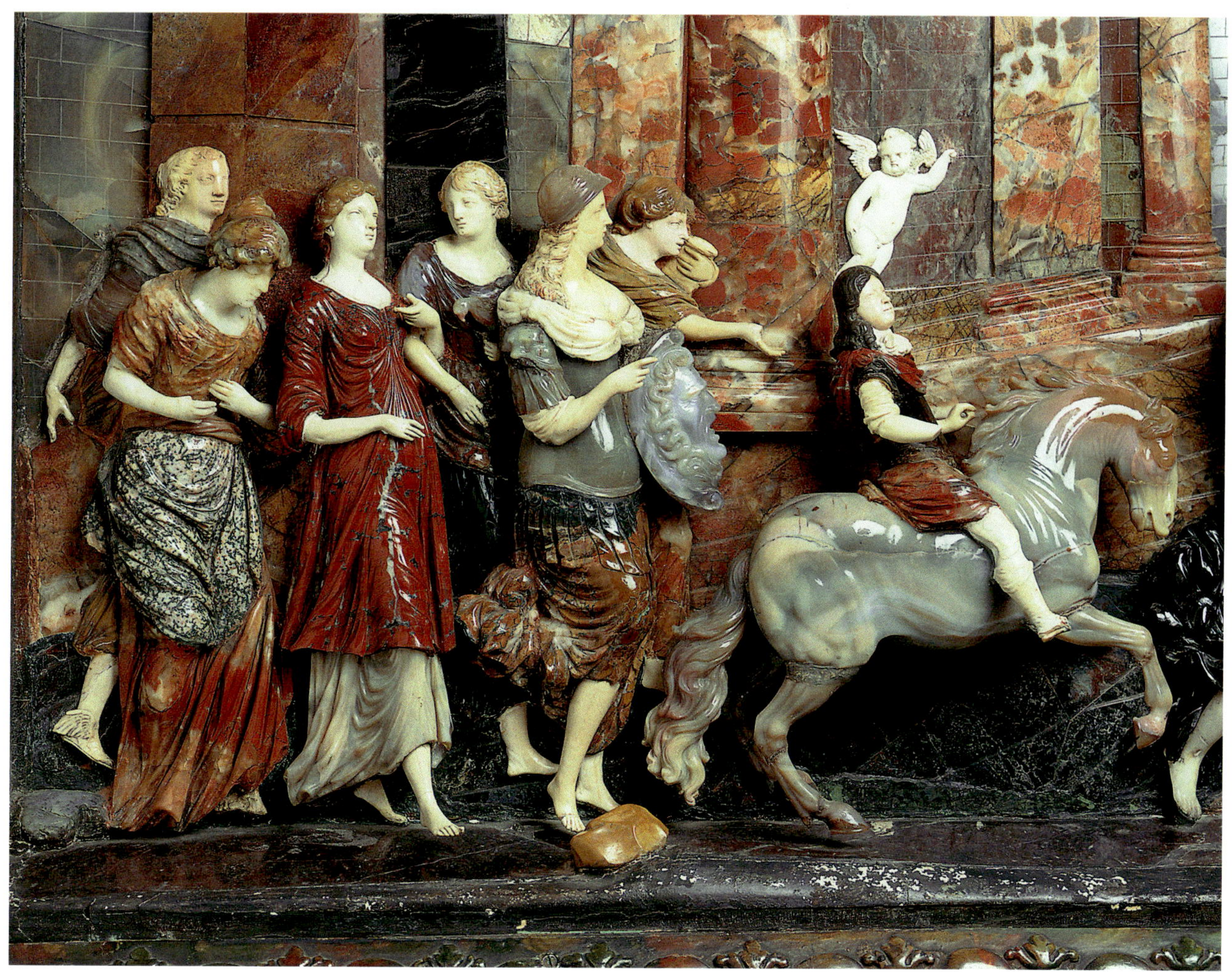

2] **Ovale Schale, bekrönt von einem Pelikan mit Jungen:** Die Schale aus rotem Jaspis ruht auf einem Baumstamm aus massivem Gold mit emailliertem Blattwerk. Der Pelikan, der seine Jungen mit dem Blut aus seiner aufgehackten Brust füttert, ist ein christliches Symbol für den Opfertod des Heilands.
Oval bowl crowned by a pelican with its young: The bowl in red jasper is supported by a tree-trunk made of solid gold with enamelled foliage. The pelican, which feeds its young with blood from a wound in its breast, is a Christian symbol of death and sacrifice.
楕円の器（ペリカンと雛鳥）：赤い碧玉製の器が純金製の樹幹部分に載っている。葉飾りはエナメル製。ペリカンは、自分の胸部をくちばしでつつき、自らの血で雛鶏を養っている。これは、救世主の犠牲の死を表わすキリスト教のシンボルである。

3] **Kaminsims, Detail:** Die aus geschnittenen Edelsteinsorten zusammengefügte Bildtafel zählt zu den Hauptwerken deutscher Steinschneidekunst und wurde von Christoph Labhardt zwischen 1671 und 79 geschaffen.
Chimneypiece, detail: The tableau composed of several different kinds of cut gemstones is one of the major examples of German gemstone-cutting and was made by Christoph Labhardt between 1671 and 79.
暖炉飾り棚マントルピースとその詳細: カット宝石数種をつなぎあわせて作った絵画版はドイツ石切芸術の最高傑作に数えられる。クリストフ・ラブハルト作（1671–79年）

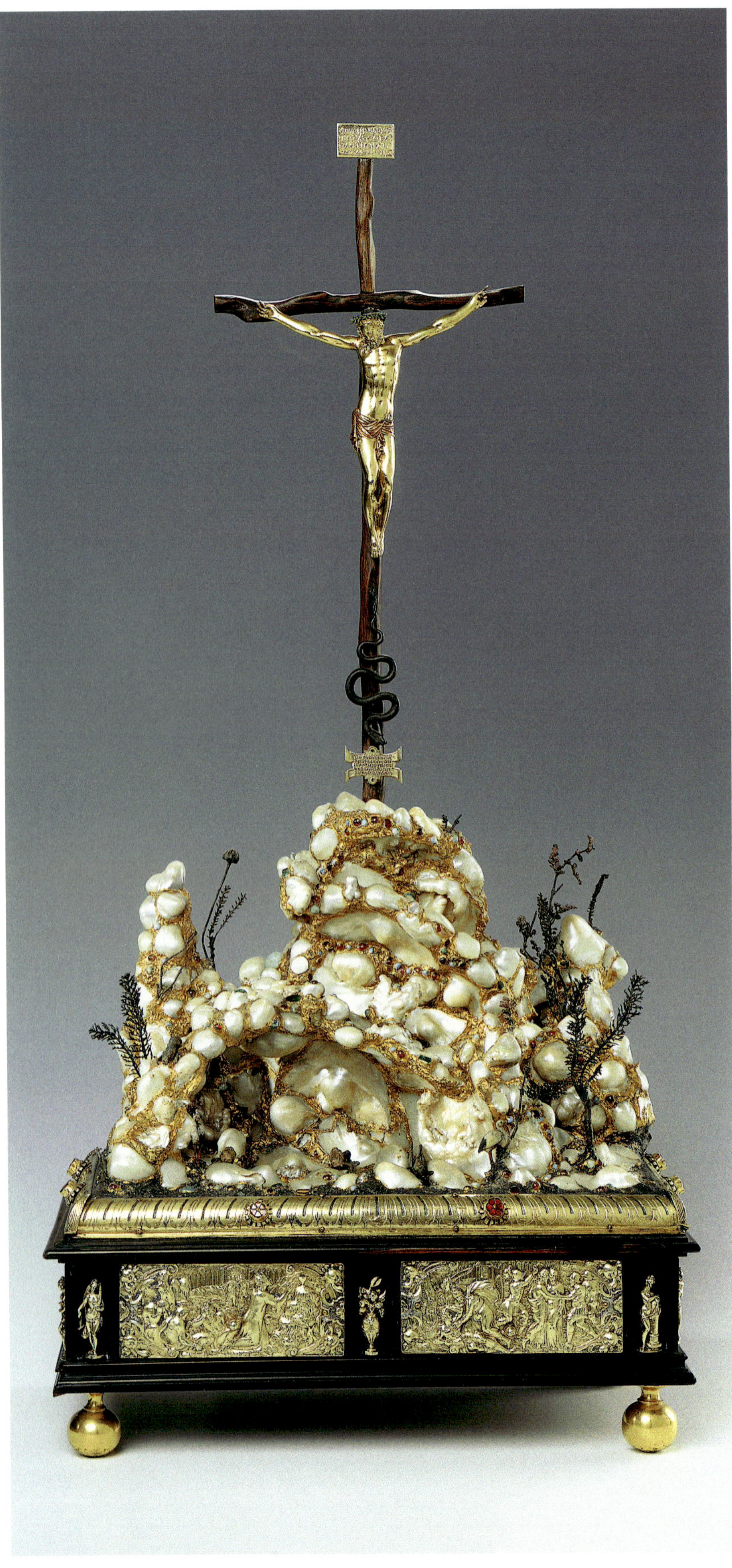

4] **Kalvarienberg:** Der Kalvarienberg (1577) setzt sich aus Perlmutterschalen und kostbaren, unregelmäßig gewachsenen Perlen zusammen. Der Golgathafelsen ruht auf einem aus Ebenholz gearbeiteten Sockel, auf dem der Nürnberger Goldschmied Elias Lencker sechs Reliefs mit Szenen aus der Passion Christi anbrachte.
Calvary: This Calvary (1577) is composed of mother of pearl shells and precious irregular pearls. The rock of Golgotha rests on a plinth made of ebony to which the Nuremberg goldsmith Elias Lencker affixed six reliefs with scenes from the Passion of Christ.
カルヴァリの丘（ゴルゴダの丘）： 1577年作。真珠貝の殻と高価な真珠をあわせて作った傑作品。不規則な形に育った真珠を使用。ゴルゴダの丘は、黒檀材細工の台に載せられている。この台は、ニュルンベルク出身の金細工師エリアス・レンカーによるもので、キリスト受難のシーンが6つのレリーフに表現されている。

5] **Bergkristallschrank:** Hinter der horizontalen Gliederung aus Ebenholz sind Schubladen versteckt. Dieser Sammlungsschrank entstand in der Mitte des 17. Jahrhunderts, wahrscheinlich in Italien.
Rock crystal cabinet: Drawers are concealed behind the horizontal architecture of the cabinet. This cabinet for collectibles was made in the mid 17th century, probably in Italy.
水晶の戸棚: 黒檀材による水平部分の背後には、引き出しが隠されている。このコレクション戸棚は、17世紀の半ば、おそらくイタリアで制作されたものと推定。

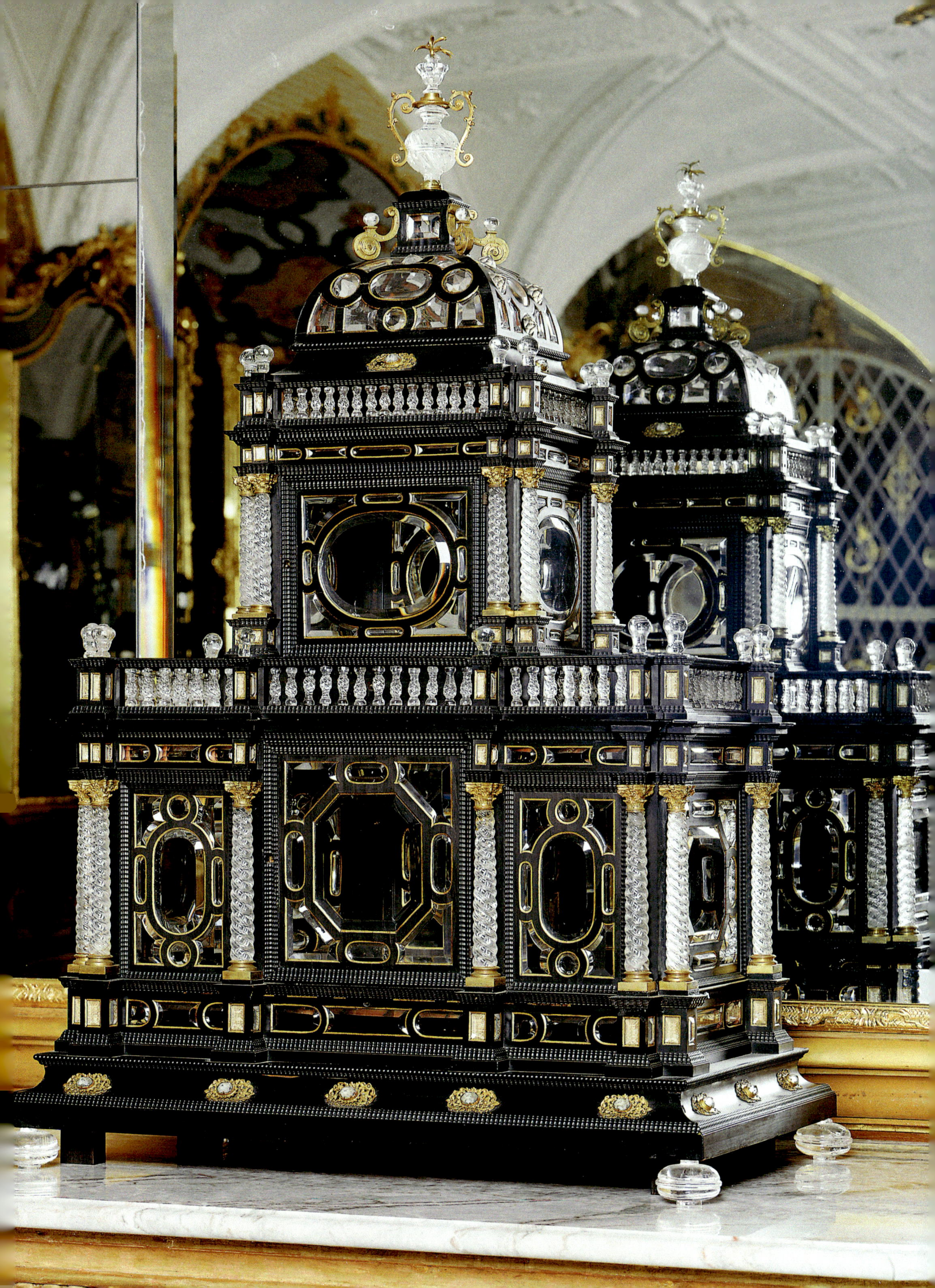

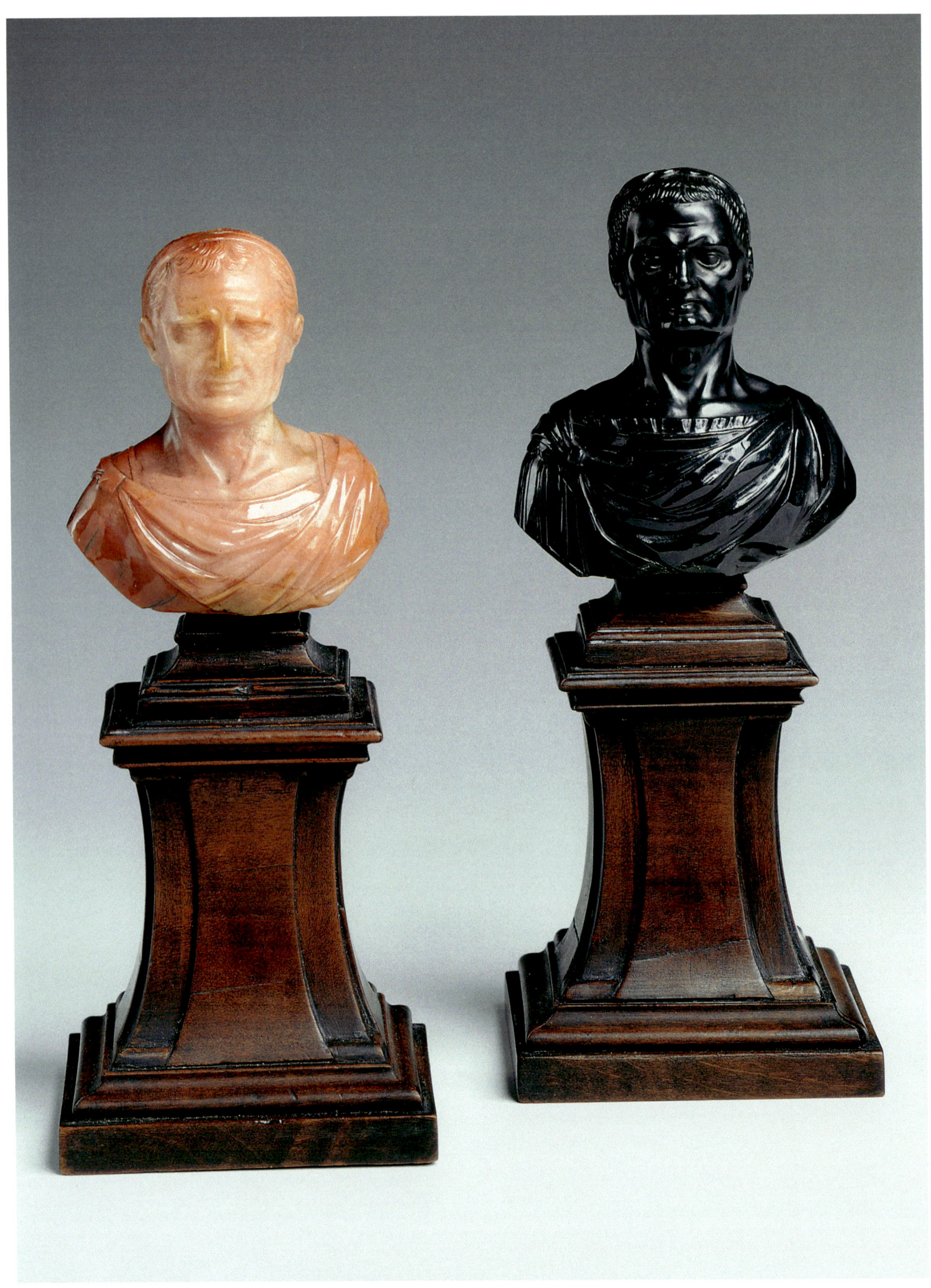

5] **_Zwei Büsten antiker Kaiser:_**
_August der Starke hatte eine Vorliebe
für Herrscherbüsten aus Edelsteinen,
die zumeist auf hölzerne Sockel
montiert wurden. Diese beiden sind
aus Chalzedon bzw. Heiliotrop und
stammen aus der zweiten Hälfte des
17. Jahrhunderts._

Two busts of Roman Emperors:
Augustus the Strong had a liking for
gemstone busts representing rulers most
of which were mounted on wooden
plinths. These two busts, from the
second half of the 17th century, are
made of chalcedony and heliotrope.

古代皇帝の胸像二体: アウグスト強王は
好んで支配者の像を造らせた。
たいていは木製の台の上に載せた宝石を
彫ったものである。これら二体の胸像は
玉髄とヘリオトロープから成る（17世
紀後半の作品）。

6] **Heiliger Sebastian:** _Der Märtyrer,
dessen Körper aus einer großen,
länglichen Perle besteht, wurde wegen
seines standhaften Bekenntnisses zu
Christus gemartert. Die Figur befand
sich bereits in der ersten Pretiosen-
sammlung Augusts des Starken, die
1706 verpfändet wurde._

Saint Sebastian:
The body of the martyr consists of a
large elongated pearl. Saint Sebastian
was tortured because he stood
steadfastly by his Christian belief. The
pearl figure was part of Augustus the
Strong's first collection of pretiosa
which was mortgaged in1706.

聖セバスチャン: この殉教者の体は
大きく細長い真珠製。毅然とした
キリスト信仰の告白により拷問にかけ
られた聖職者。この彫像は、アウグスト
強王の装飾品の中で、1706年に担保に
入れられた最初のコレクションに含まれ
ていた。

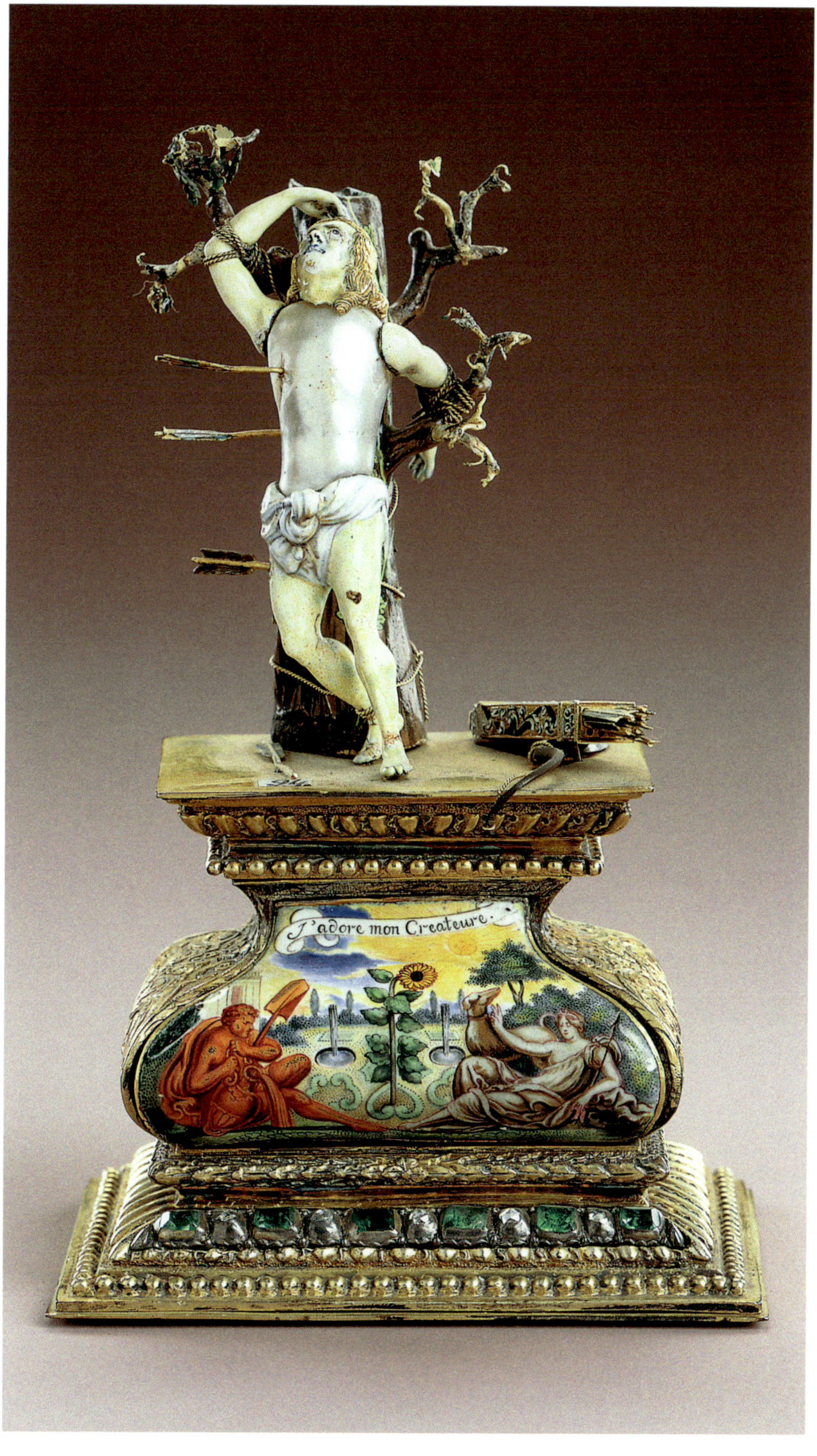

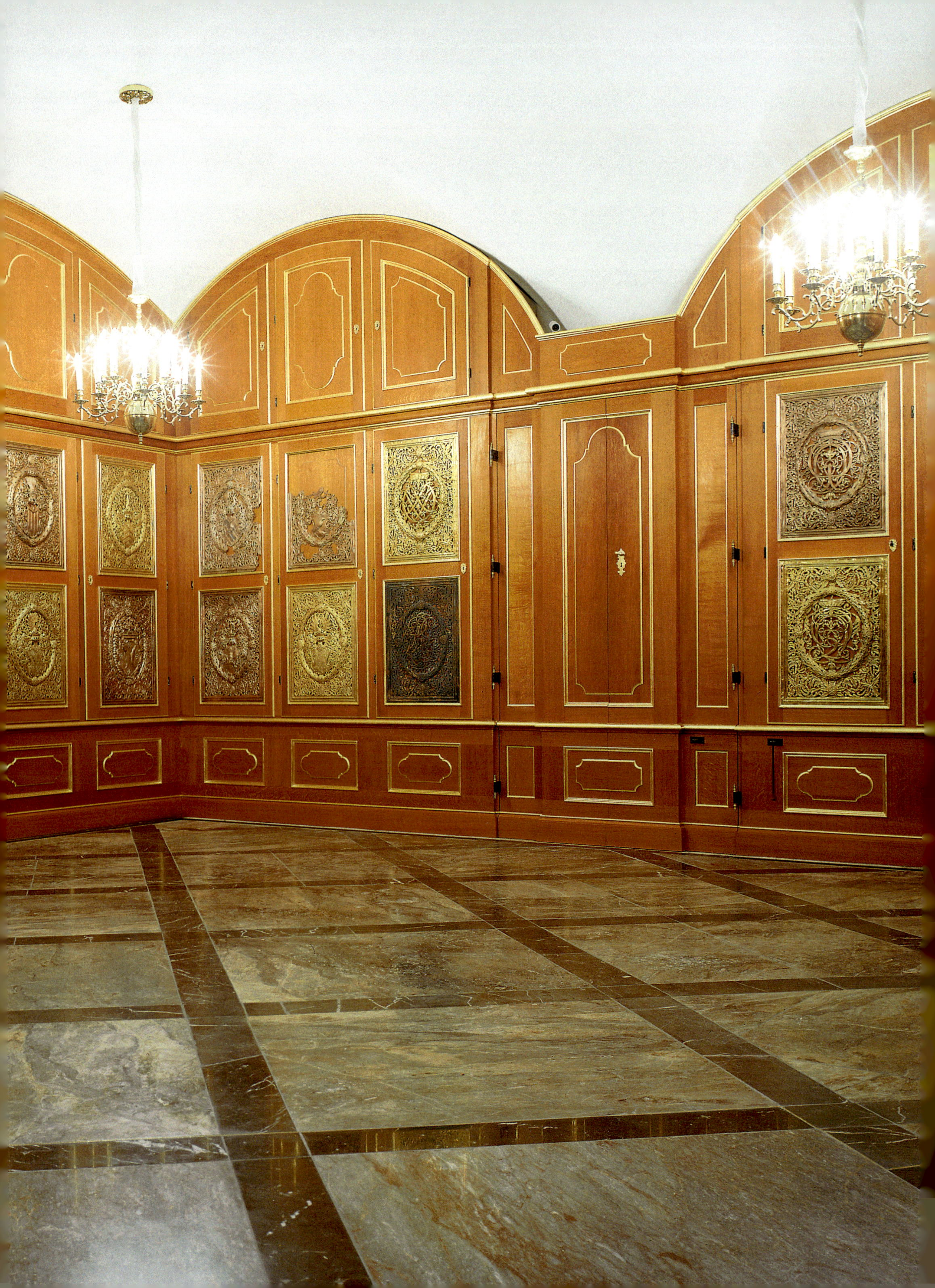

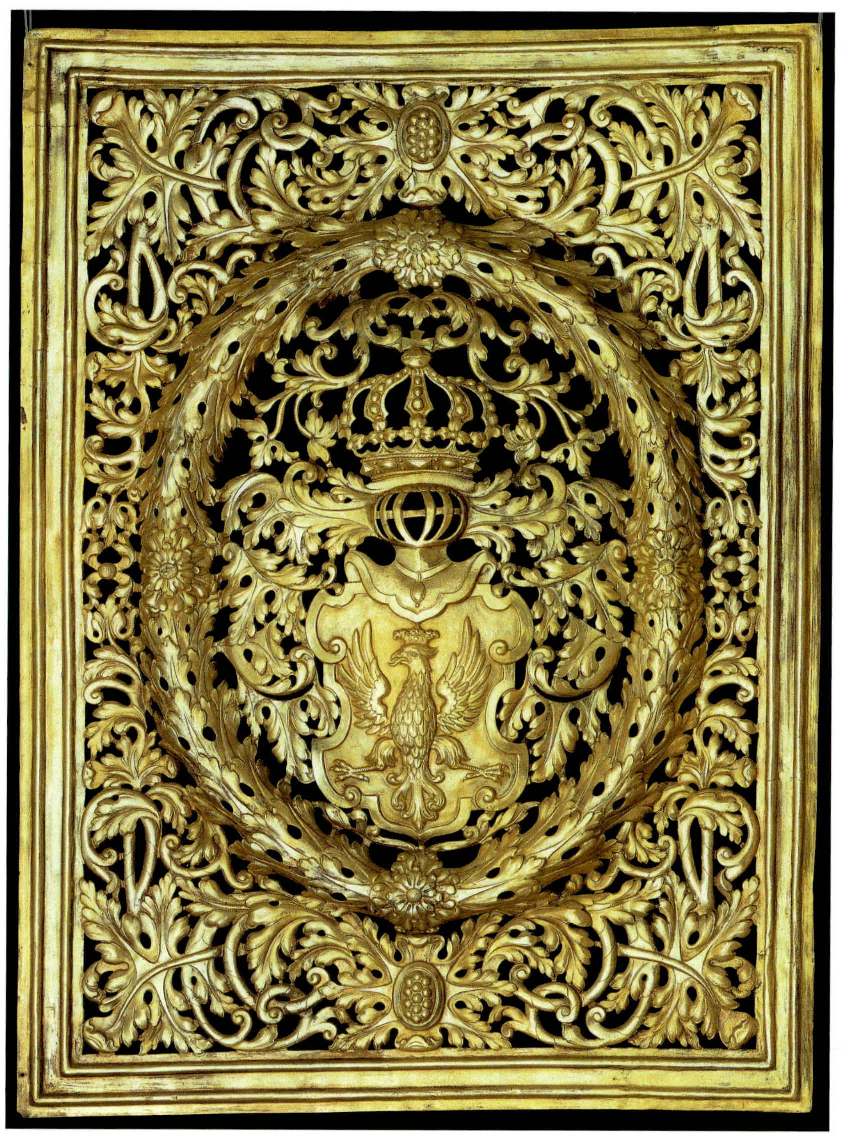

1] **Wappenschild:** Im Sommer 1697 wurde August der Starke von den polnischen und litauischen Adligen in einem nicht unbestrittenen Wahlgang zum König von Polen und Großherzog von Litauen gewählt. Hier ist das Wappenschild des Königsreichs Polen zu sehen, das Christian Friedrich Holland 1727 bis 28 aus Kupfer schuf.
Escutcheon: In summer 1697 Augustus the Strong was elected King of Poland by the Polish and Lithuanian nobility in an election that was not entirely uncontroversial. This is the escutcheon of the Kingdom of Poland made by Christian Friedrich Holland in copper (1727–28).
紋章付きの盾: 1697年夏、ポーランドとリトアニアの貴族アウグスト強王が、疑惑の選挙でポーランド王とリトアニア大公に選ばれる。ポーランド王国の紋章付きの盾。クリスティアン・フリードリッヒ・ホーランドが1727年から28年にかけて制作したもの（銅製）

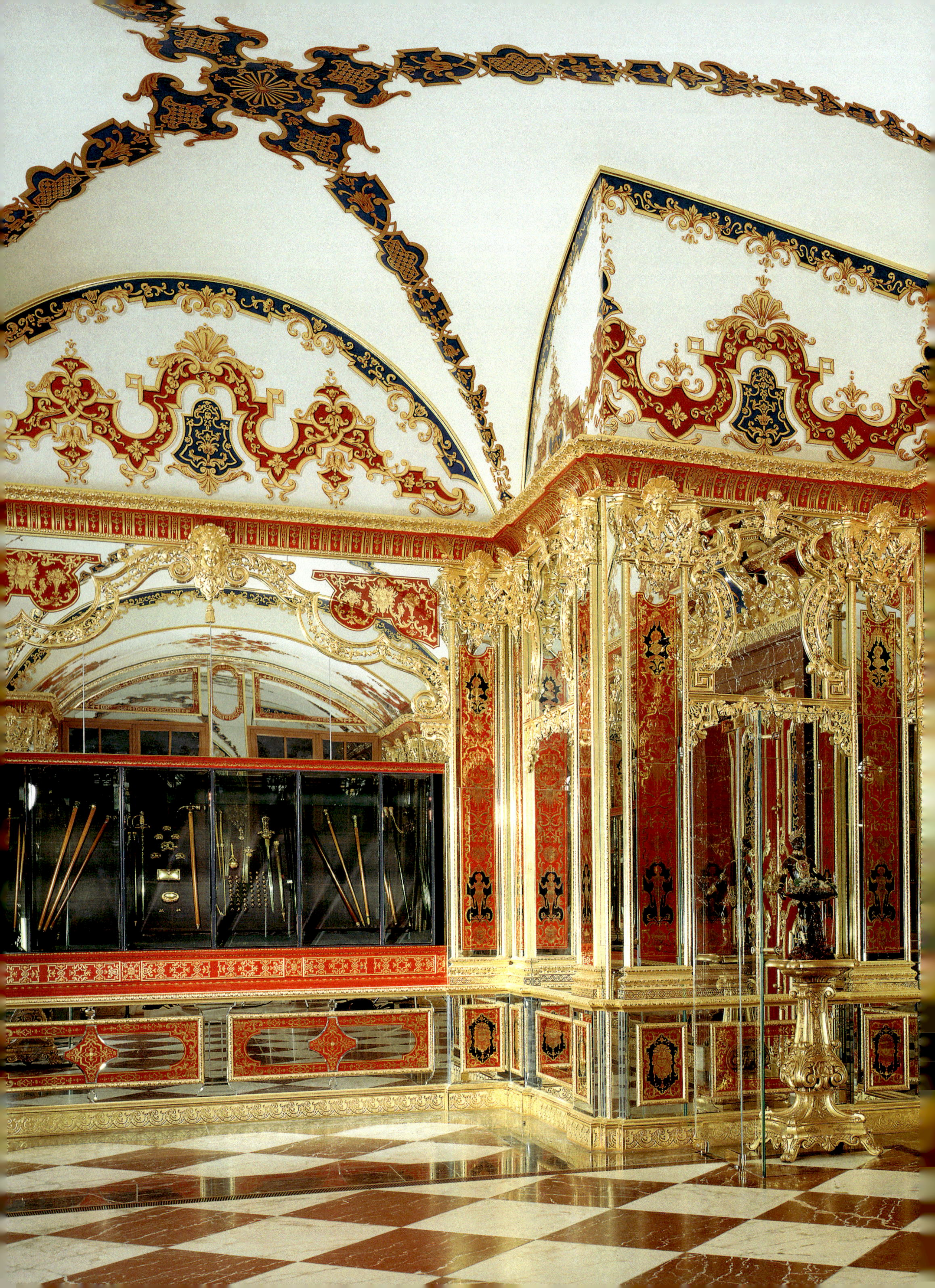

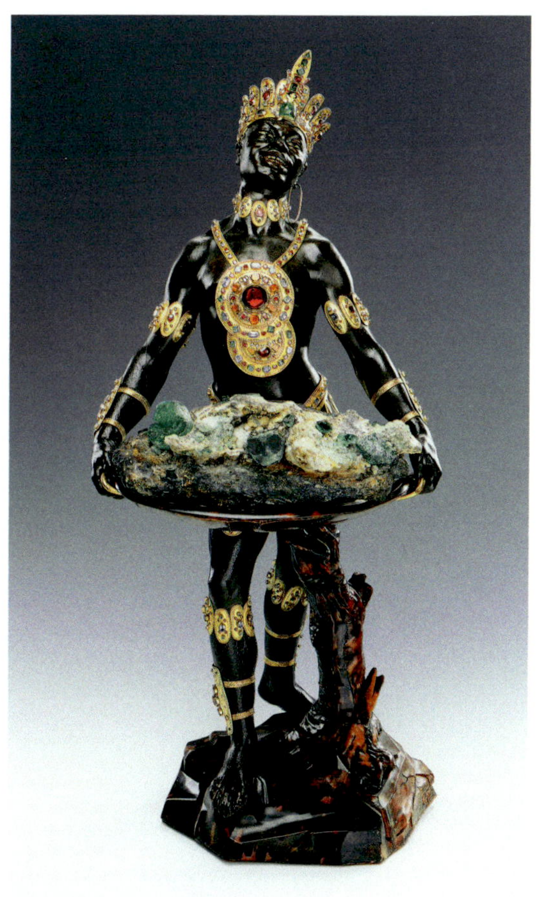

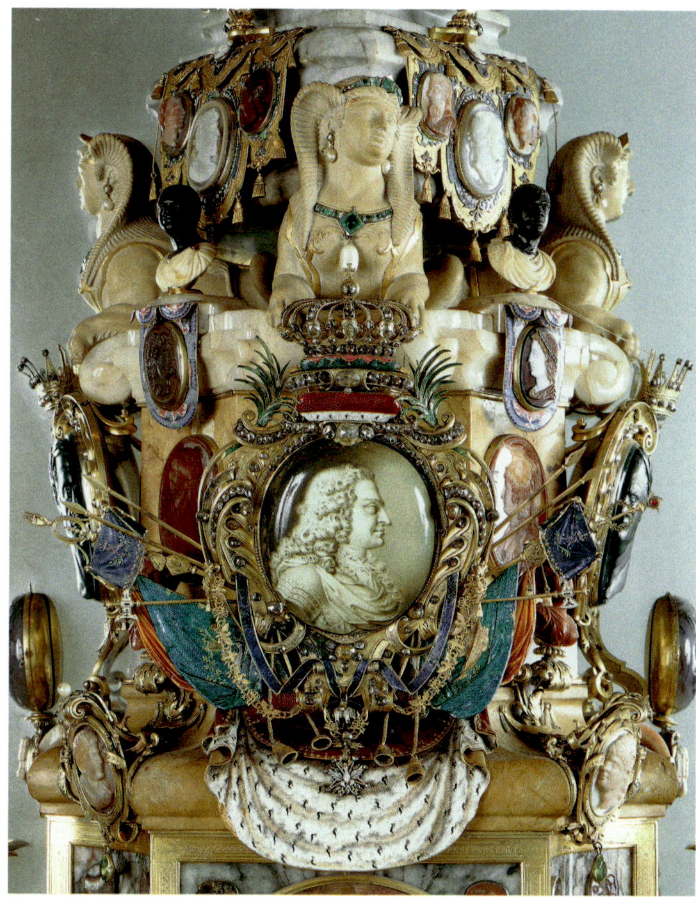

1] **Mohr mit Smaragdstufe:** Der Tracht und dem Schmuck nach handelt es sich bei der Statuette aus Birnbaumholz, die Balthasar Permoser wohl 1724 fertigte, um einen Indianer. Er präsentiert eine Kostbarkeit, die Kaiser Rudolf II. 1581 Kurfürst August schenkte: eine kolumbianische Smaragdstufe.

Blackamoor with emerald matrix: To judge by its costume and jewellery the statuette in pear wood, which Balthasar Permoser probably created in 1774, is an Indian. He presents a precious object – a Columbian emerald matrix, which Emperor Rudolf II gave to Elector Augustus in 1581.

エメラルドとムーア人: バルタザール・ペルモーザーが1724年に完成させた作品。民族衣装と宝飾を身にまとった彫像（洋梨の木製）は一人のインド人で、皇帝ルドルフ二世の贅沢さを表現している。1581年、選帝侯アウグストが寄贈したコロンビア製のエメラルド（階段状）

2] **Obeliscus Augustalis:** Dieses ungewöhnliche Herrschermonument von Johann Melchior Dinglinger ist ein Hauptwerk der Schatzkunst des Spätbarock. Im Zentrum des 228 cm hohen Obelisken befindet sich das mit Emailfarben gemalte Porträt Augusts des Starken mit dem Kurhut Sachsens und der Krone Polen-Litauens.

Obeliscus Augustalis: This unusual monument to a ruler by Johann Melchior Dinglinger is a major work of late Baroque Schatzkunst. The portrait executed in enamels of Augustus the Strong with the electoral cap of Saxony and the crown of Poland-Lithuania is at the centre of this obelisk, which is 228 cm in height.

オベリスク アウグスタリス: 一風変わった支配者モニュメント。ヨハン・メルヒオル・ディングリンガー作。後期バロック宝物芸術傑作品の一つ。228 cm の高さのオベリスクの中央には、エナメル色で描かれたアウグスト強王の肖像画が見られる。頭上にはザクセン選帝侯冠とポーランド・リトアニア王冠が載せられている。

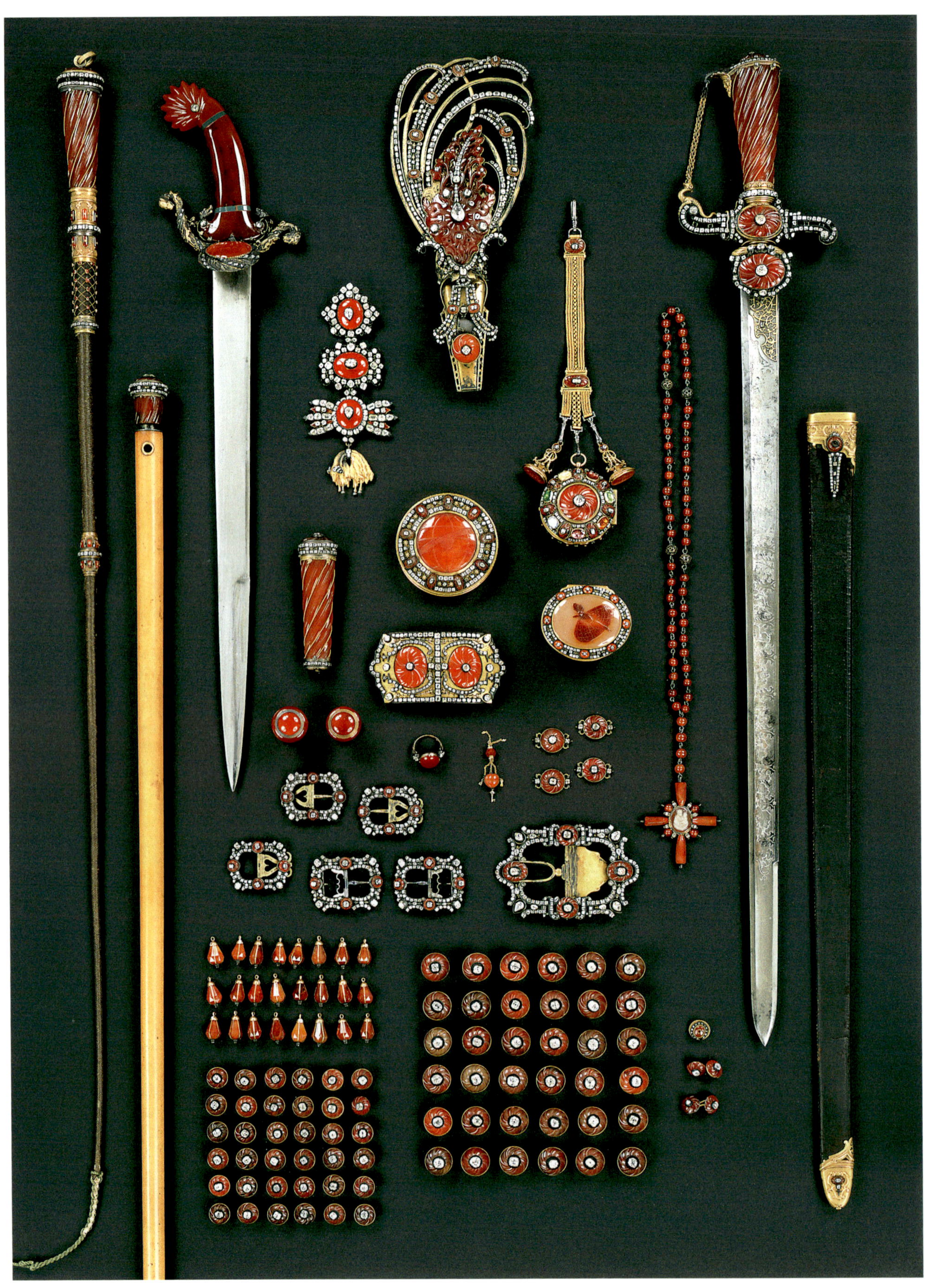

HISTORISCHES GRÜNES GEWÖLBE – RAUM / ROOM / 展示室: 8

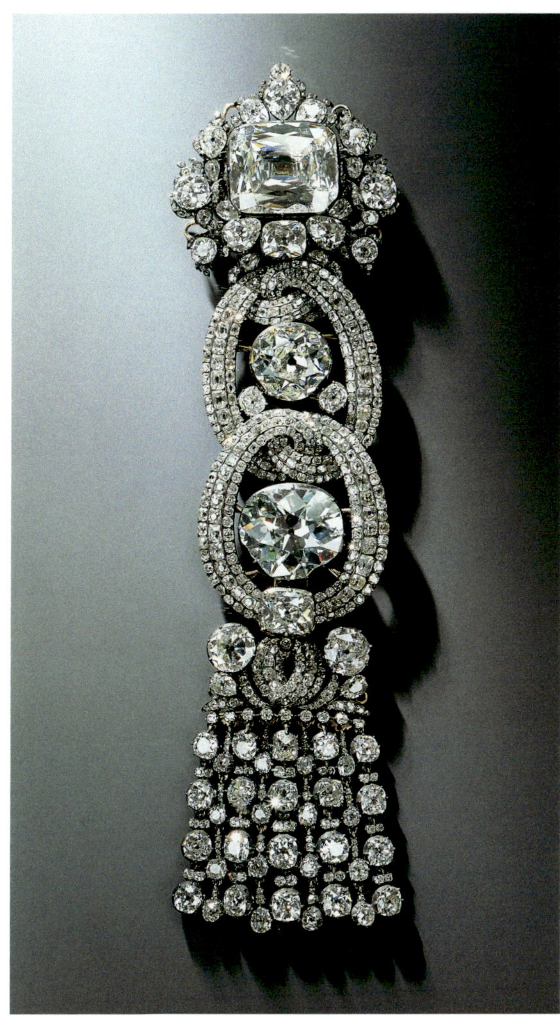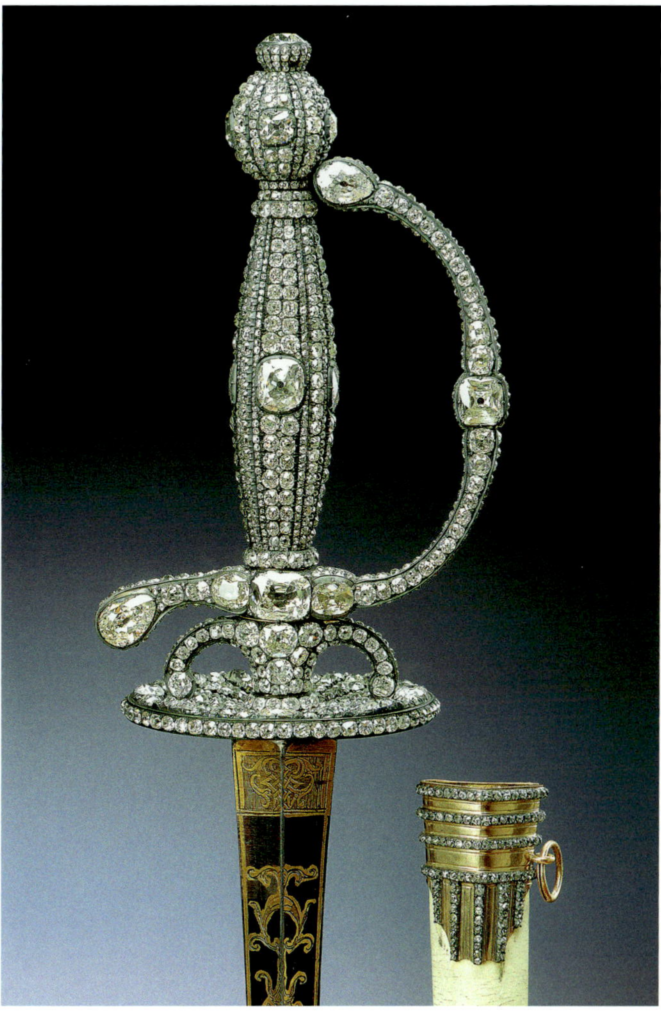

3] **Karneolgarnitur:** August der Starke erwarb von seinem Hofjuwelier Johann Melchior Dinglinger den größten Teil der Karneolgarnitur anlässlich der Hochzeitsfeier seines Sohnes Friedrich August mit der habsburgischen Erzherzogin und Kaisertochter Maria Josepha im Frühherbst 1719.

   Carnelian garniture: Augustus the Strong bought the larger part of the carnelian garniture from the court jeweller Johann Melchior Dinglinger on the occasion of the wedding celebrations of his son Friedrich August and the daughter of the Hapsburg emperor Grand Duchess Maria Josepha in the early autumn of 1719.

   紅玉髄の一式: 紅玉髄一式の大部分は、アウグスト強王が、専属の宮廷宝石芸術家ヨハン・メルヒオル・ディングリンガーより入手したもの。1719年初秋に行われた子息フリードリッヒ・アウグストとハプスブルグ家の大公妃で皇帝の子女マリア・ヨゼファとの婚礼祝宴にちなんで作らせたもの。

4] **Sächsischer Weißer:** Die Epaulette mit dem »Sächsischen Weißen« – dem mit 49,84 Karat größten Brillanten des Hauses Wettin – wurde auf der Schulter getragen und stammt von Christian August Globig aus den Jahren 1782 bis 89.

   Saxon White: The epaulette with the »Saxon White« – at 49.84 carat the largest diamond in brilliant cut of the House of Wettin – was worn on the shoulder and was made by Christian August Globig in the years 1782 to 89.

   ザクセンホワイト: 房付き肩章「ザクセンホワイト」（49.84カラットのブリリアントカットダイヤモンド、ウェッティン家所有）。1782年から89年、クリスティアン・アウグスト・グロービッグ制作によるもの。

5] **Hofdegen mit Scheide:** Der Hofdegen der Brillantgarnitur – der weitaus kostbarsten Juwelengarnitur des Grünen Gewölbes – war das markanteste Schaustück der männlichen Hofgarderobe. Christian August Globig schuf eine wohl proportionierte Prunkwaffe mit 2060 Brillanten (zwischen 1782 und 89).

   Parade rapier and scabbard: The parade rapier and scabbard of the diamond garniture – by far the most precious of the jewel garnitures of the Grünes Gewölbe – was the most striking article of male court dress. Christian August Globig created a finely proportioned parade piece with 2060 diamonds in brilliant cut between 1782 and 89.

   宮廷の剣と鞘: ブリリアントカットダイヤモンド製。この宝石一式は、「緑の丸天井」の中でも最も高価で卓越した男性用宮廷服飾品である。クリスティアン・アウグスト・グラウビッグが、2060のブリリアントカットダイヤモンドを使って制作した豪華武具（1782–89年）

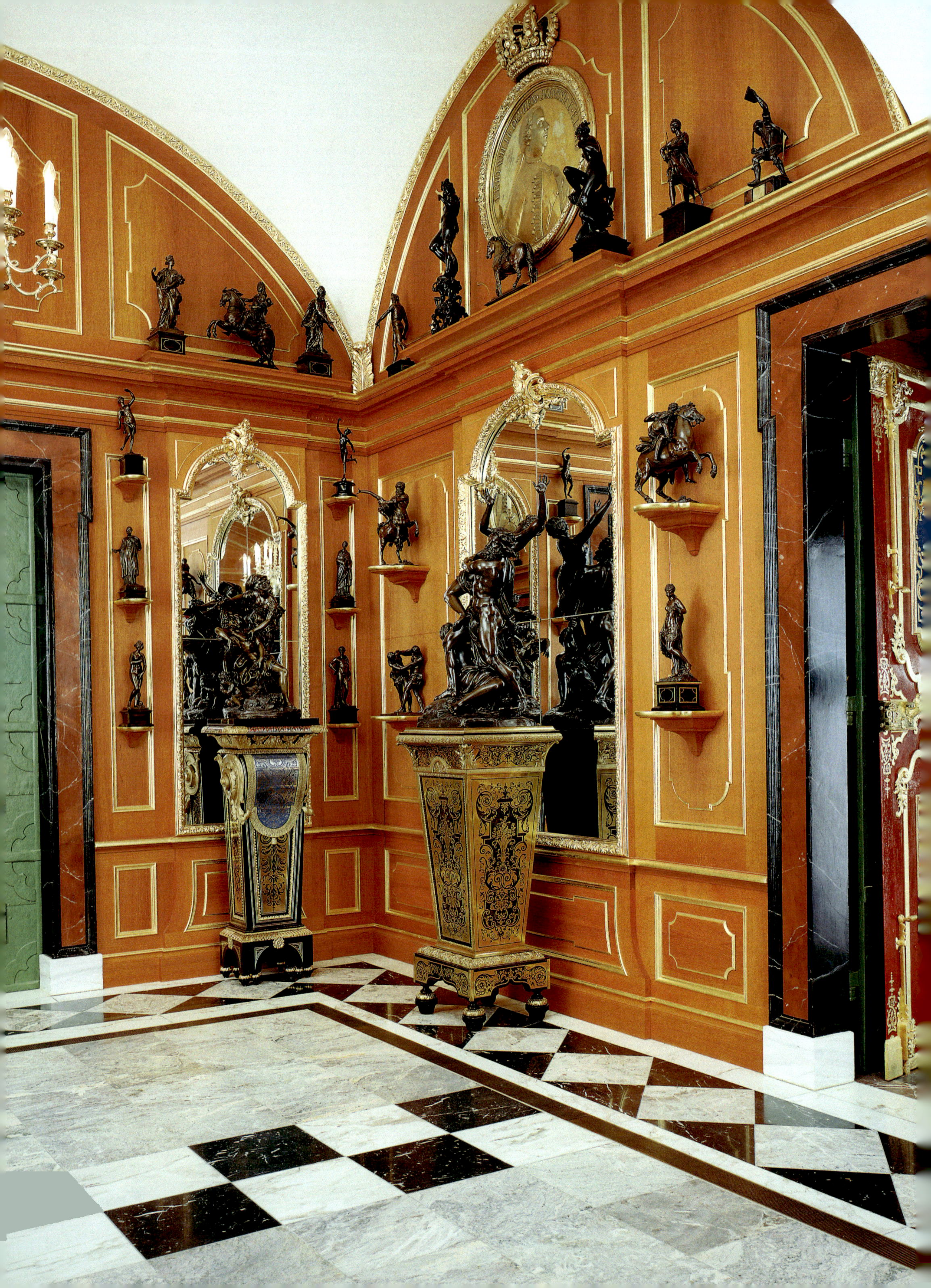

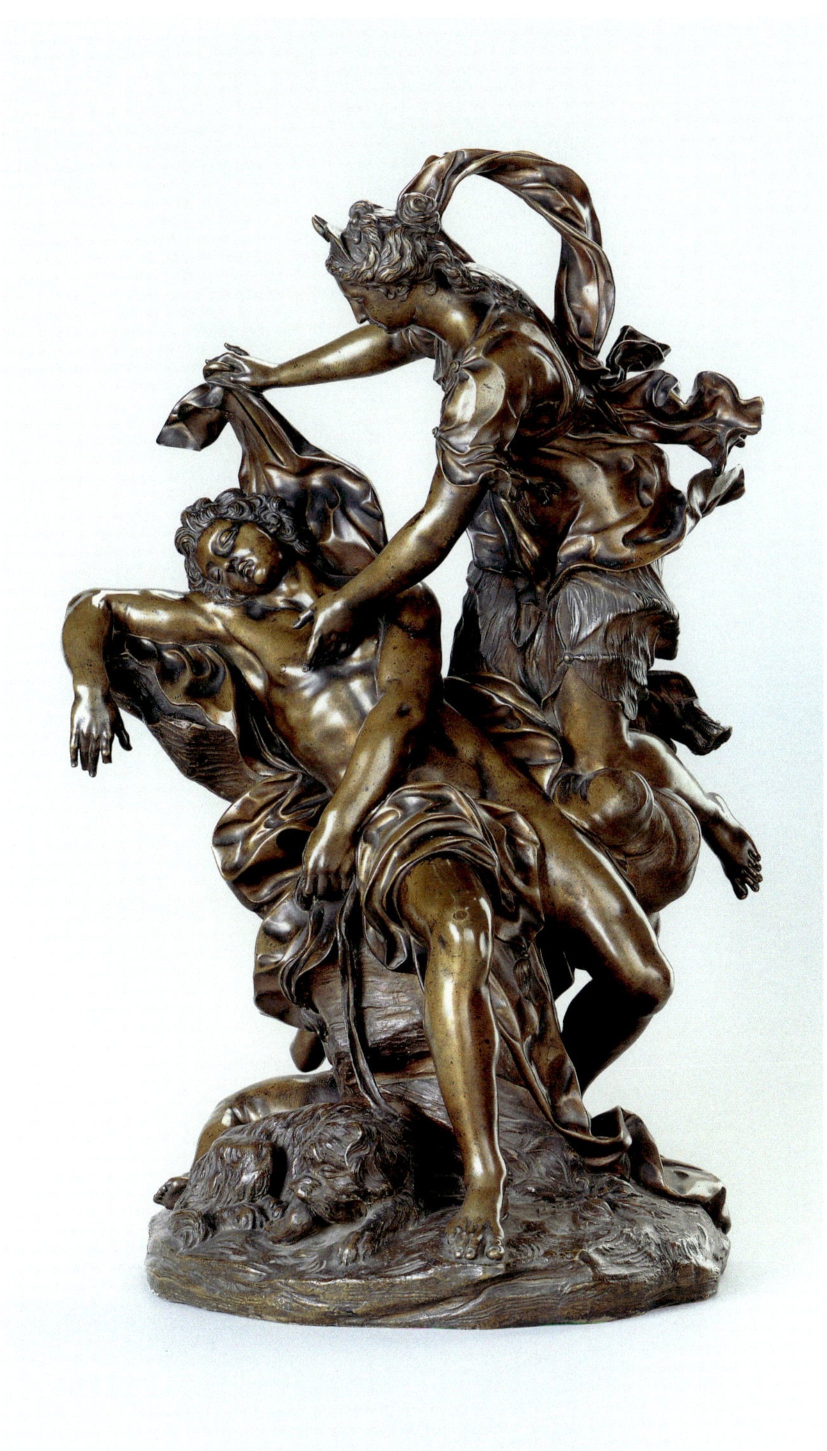

1] **Selene und Endymion:** Thema der nach einem Modell von Cornelis van Cleve entstandenen Darstellung ist eine Sage aus der antiken Mythologie: Der schöne Endymion wurde von Zeus auf seinen Wunsch hin mit ewiger Jugend und ewigem Schlaf beschenkt. Von seinem Anblick verzaubert, besuchte die Mondgöttin Selene ihn Nacht für Nacht, um ihn heimlich zu küssen (Frankreich, um 1700).

Selene and Endymion: The motif of this representation based on a model by Cornelis van Cleve relates to a story from classical mythology: Zeus granted handsome Endymion's wish for eternal youth and eternal sleep. Enchanted by his beauty, the moon goddess Selene visited him every night to kiss him clandestinely (France, c. 1700).

セレネとエンデュミオン（フランス、1700年頃）: コルネリス・ファン・クレーヴェのモデルによるテーマで古代神話の伝説を表現。美しいエンデュミオンは、ゼウスの意により、永遠の若さと永遠の眠りを贈られる。エンデュミオンの美しさに魅せられた月の女神セレネが毎夜、ひっそりと口づけするために訪れる。

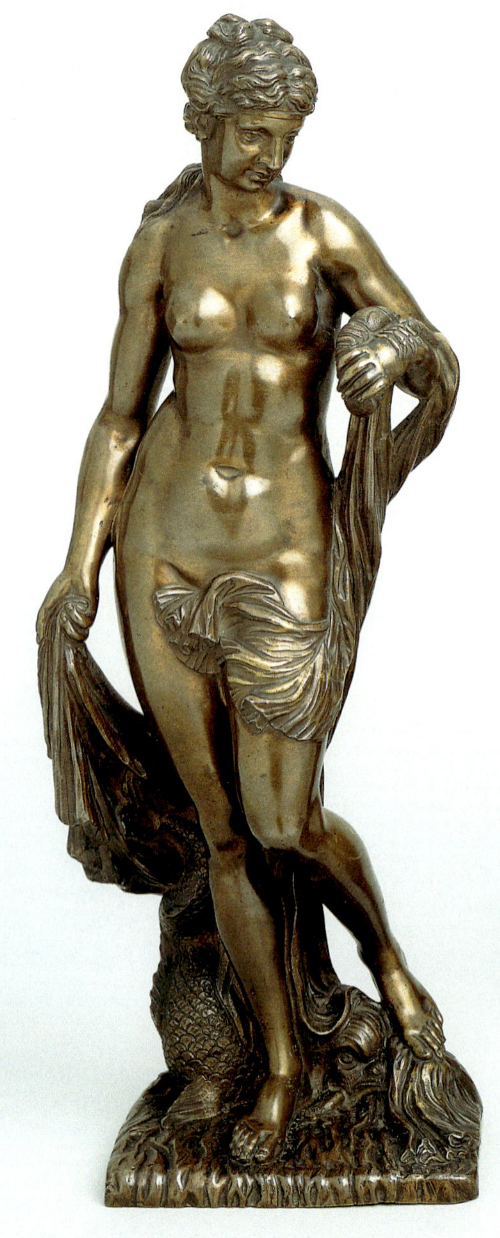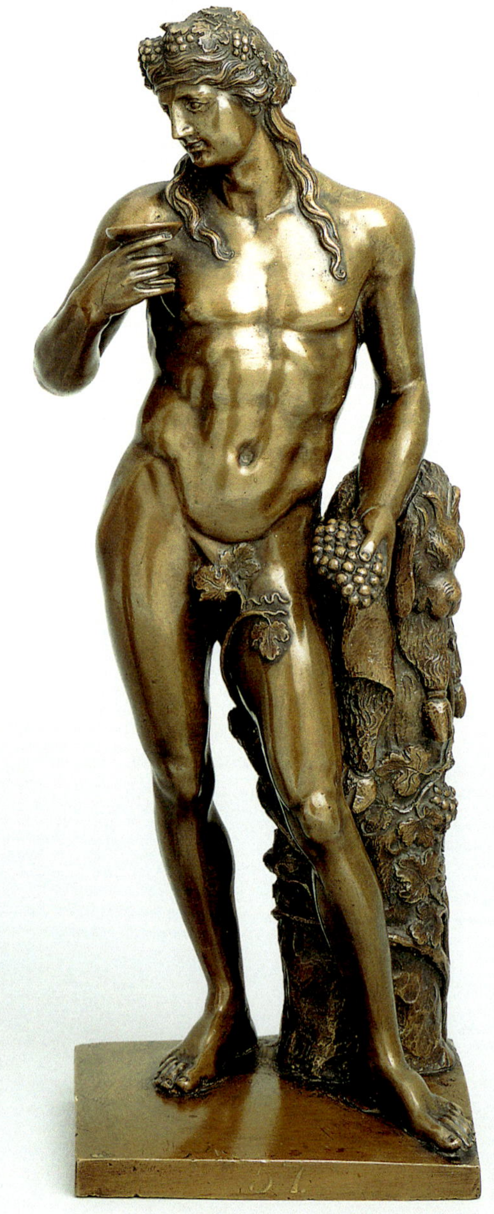

2] **Bacchus und Amphitrite:** Diese beiden 37 cm hohen Bronze-Figuren sind französische Arbeiten aus der zweiten Hälfte des 17. Jahrhunderts.
Bacchus and Amphitrite: These two 37 cm bronze figures are French works from the second half of the 17th century.
バッカスとアンピトリテ: これら二つのブロンズ彫像（37 cm）は、17世紀後半のフランス製。

3] **Reiterstandbild Augusts des Starken:** Die monumentale Bronze zeigt August den Starken als römischen Imperator in majestätischer Pose auf schreitendem Pferd (Paris, vor 1715).
Equestrian statue of Augustus the Strong: The monumental bronze statue represents Augustus the Strong as a Roman emperor in majestic pose seated on a striding horse (Paris, before 1715).
アウグスト強王の騎馬像: この記念碑的なブロンズ像は、ローマ帝国インペラートルのように威厳ある姿で馬に乗るアウグスト強王を表す（1715年以前、パリ）。

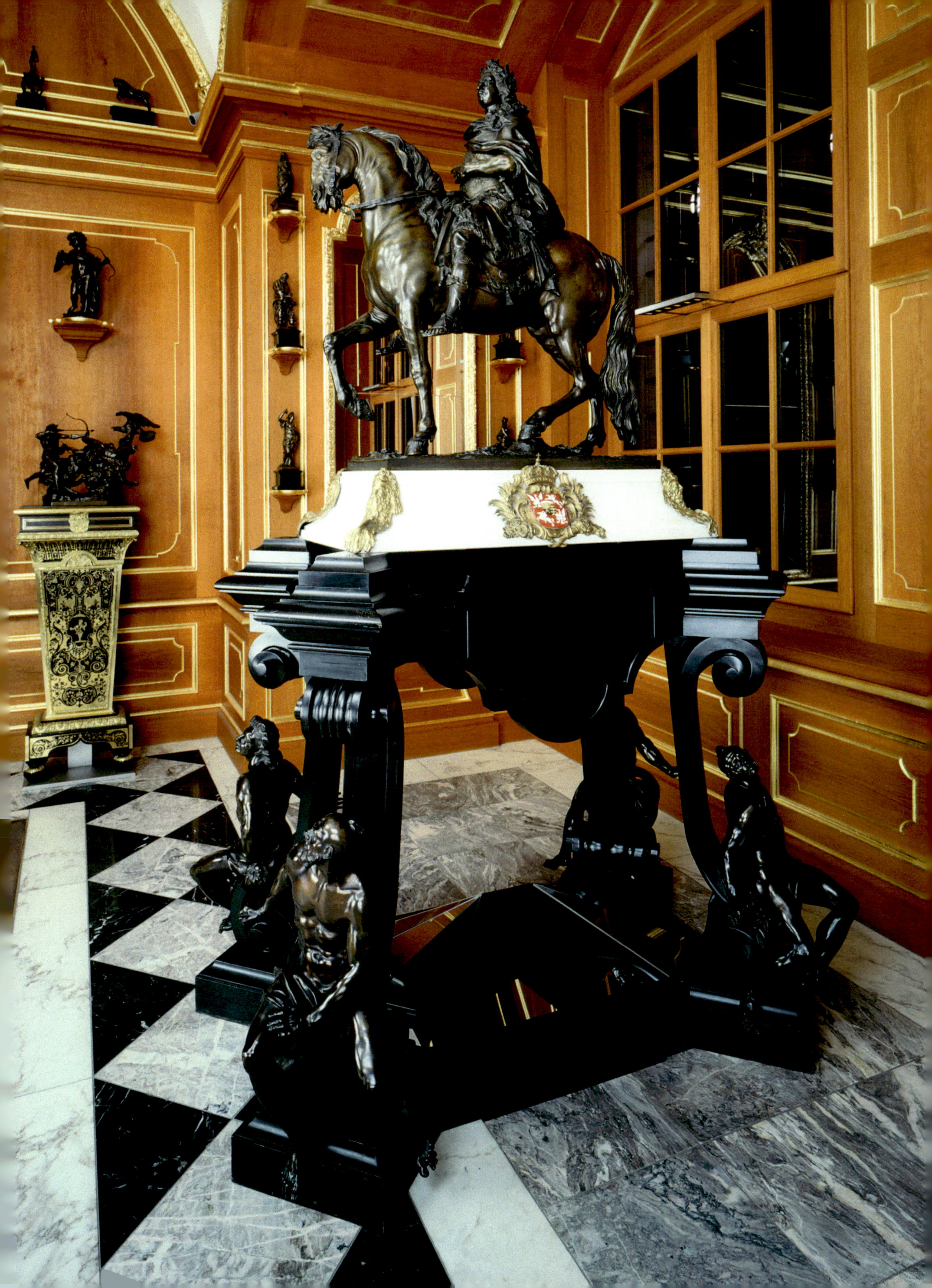

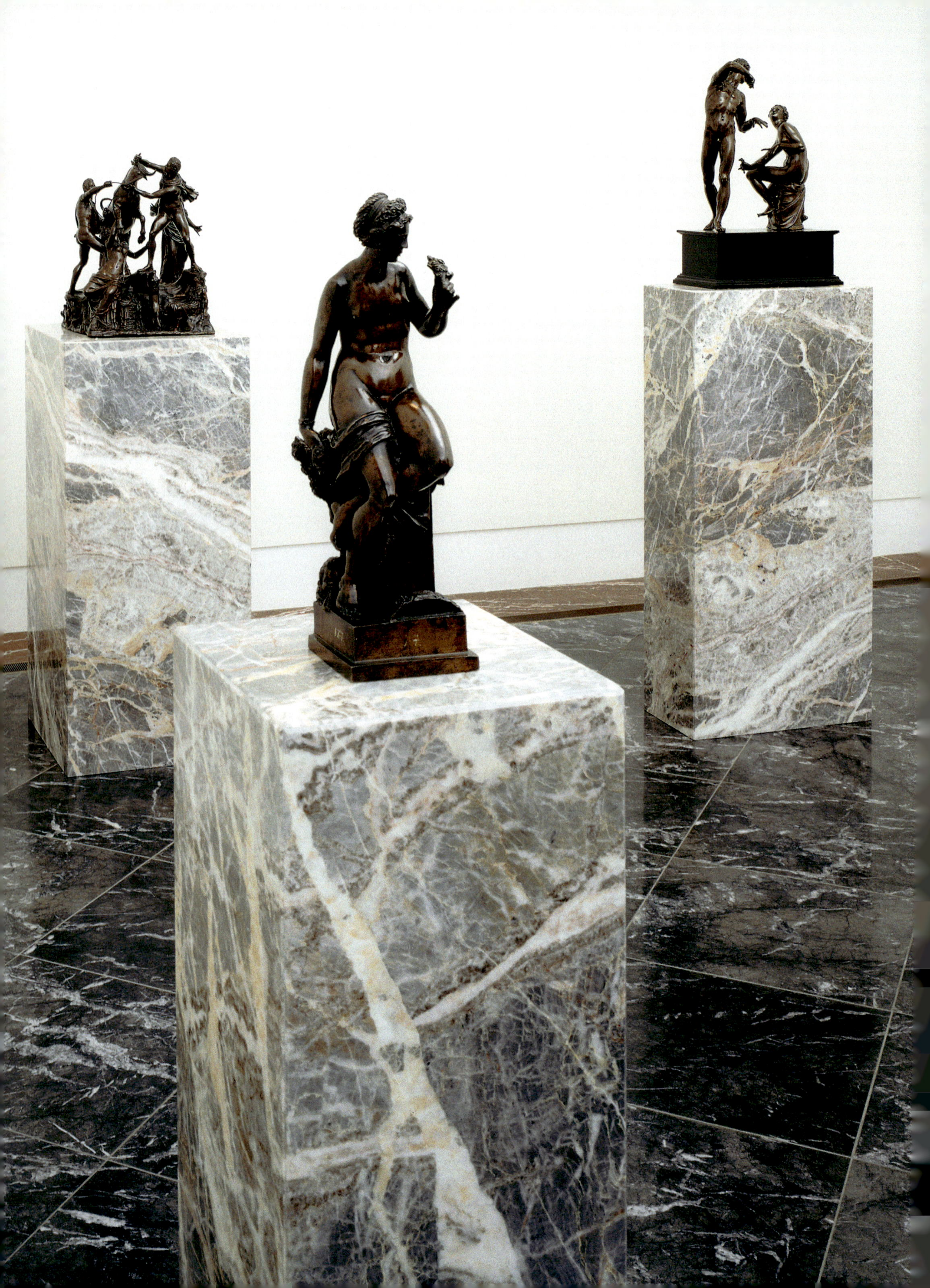

RAUM DER RENAISSANCE-BRONZEN / ROOM OF THE RENAISSANCE BRONZES /
ルネッサンス・ブロンズの部屋

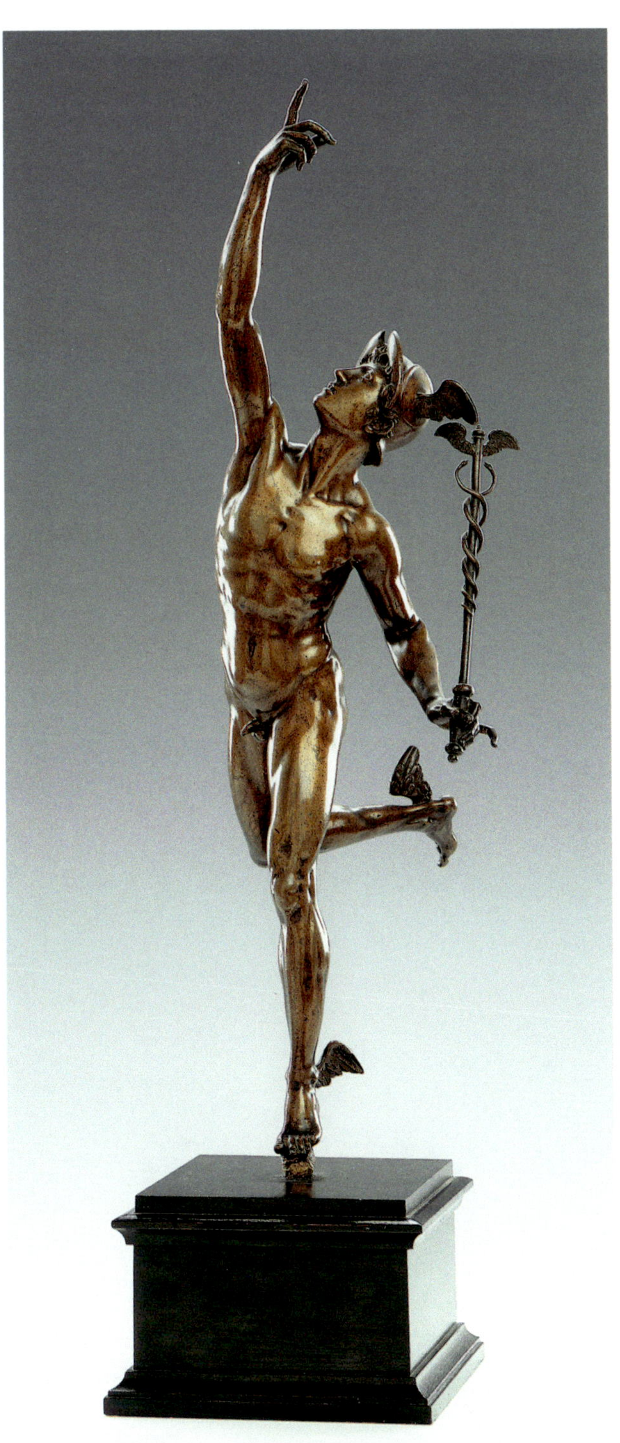

1] **Merkur:** Die Bronzestatue gehört zu den berühmtesten Werken des italienischen Bildhauers Giambologna und gelangte vor 1587 als Geschenk der Medici in die Dresdner Kunstkammer.
Mercury: This bronze sculpture is among the most famous works by the Italian sculptor Giambologna and came to the Dresden Kunstkammer before 1587 as a gift from the Medici.
メルクリウス: このブロンズ彫像はイタリア人彫刻家ジアムボローニャの有名な作品で、1587年より前にメディチ家の贈り物としてドレスデンの宝物室に届いたもの。

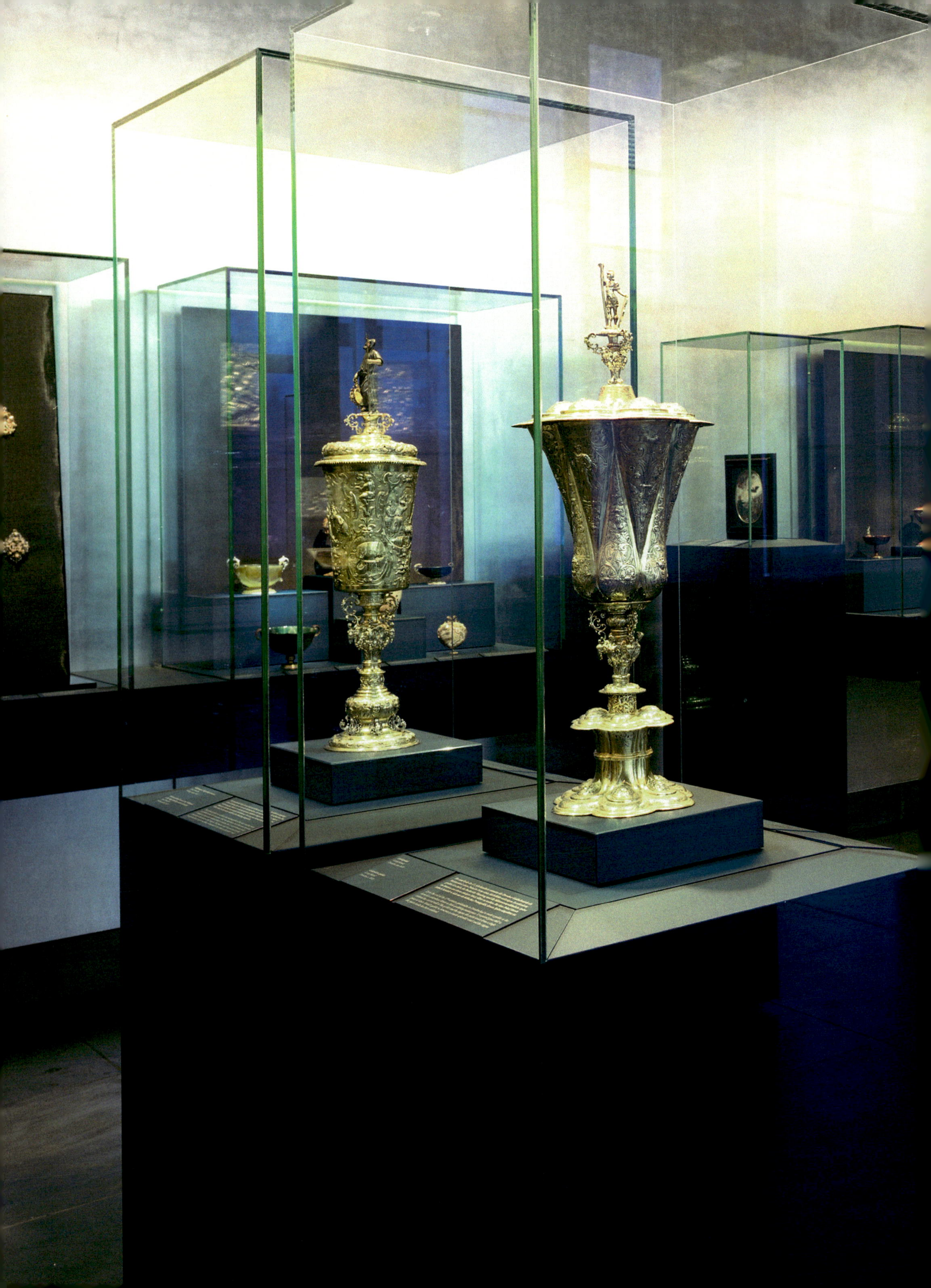

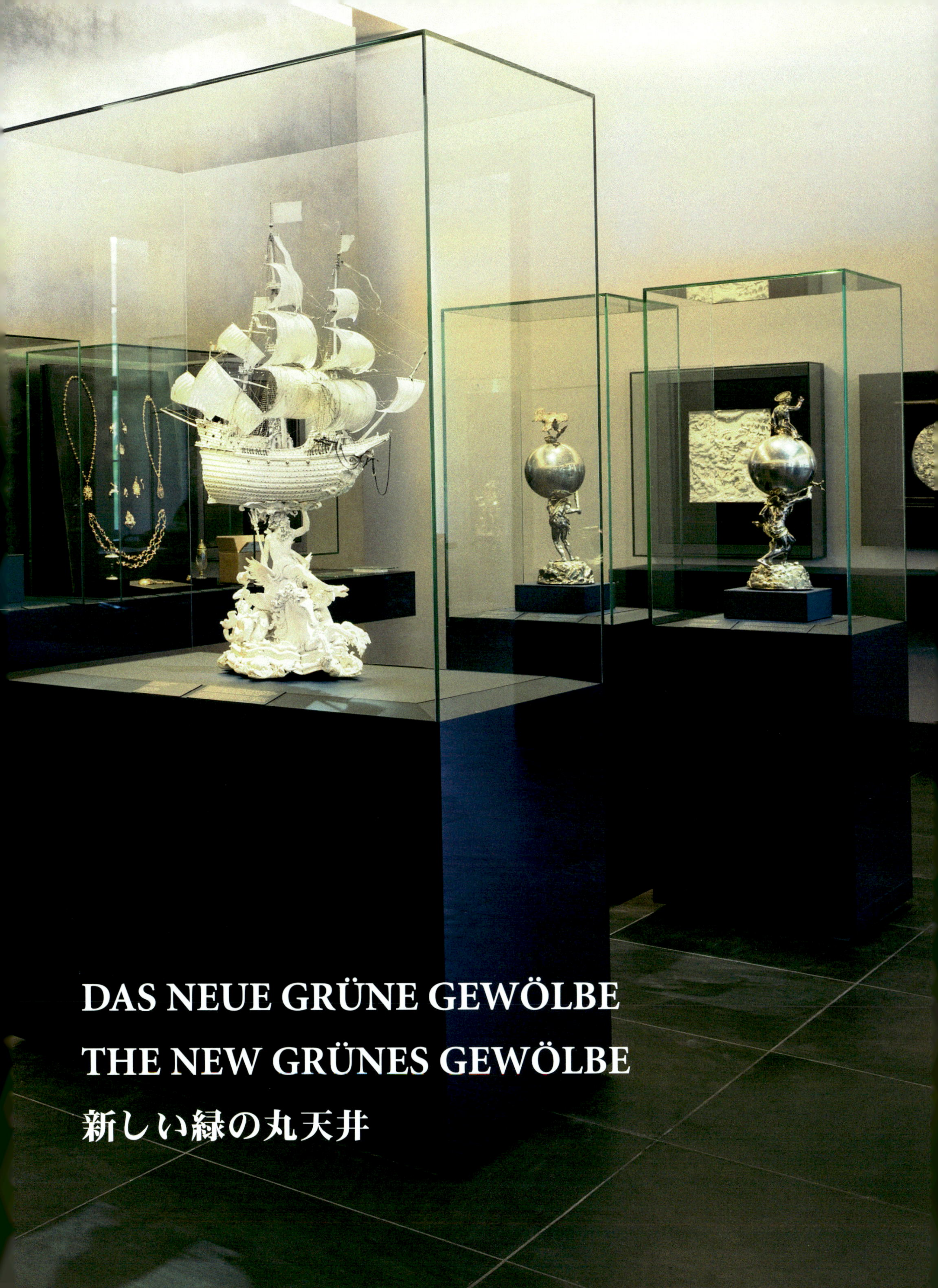

DAS NEUE GRÜNE GEWÖLBE
THE NEW GRÜNES GEWÖLBE
新しい緑の丸天井

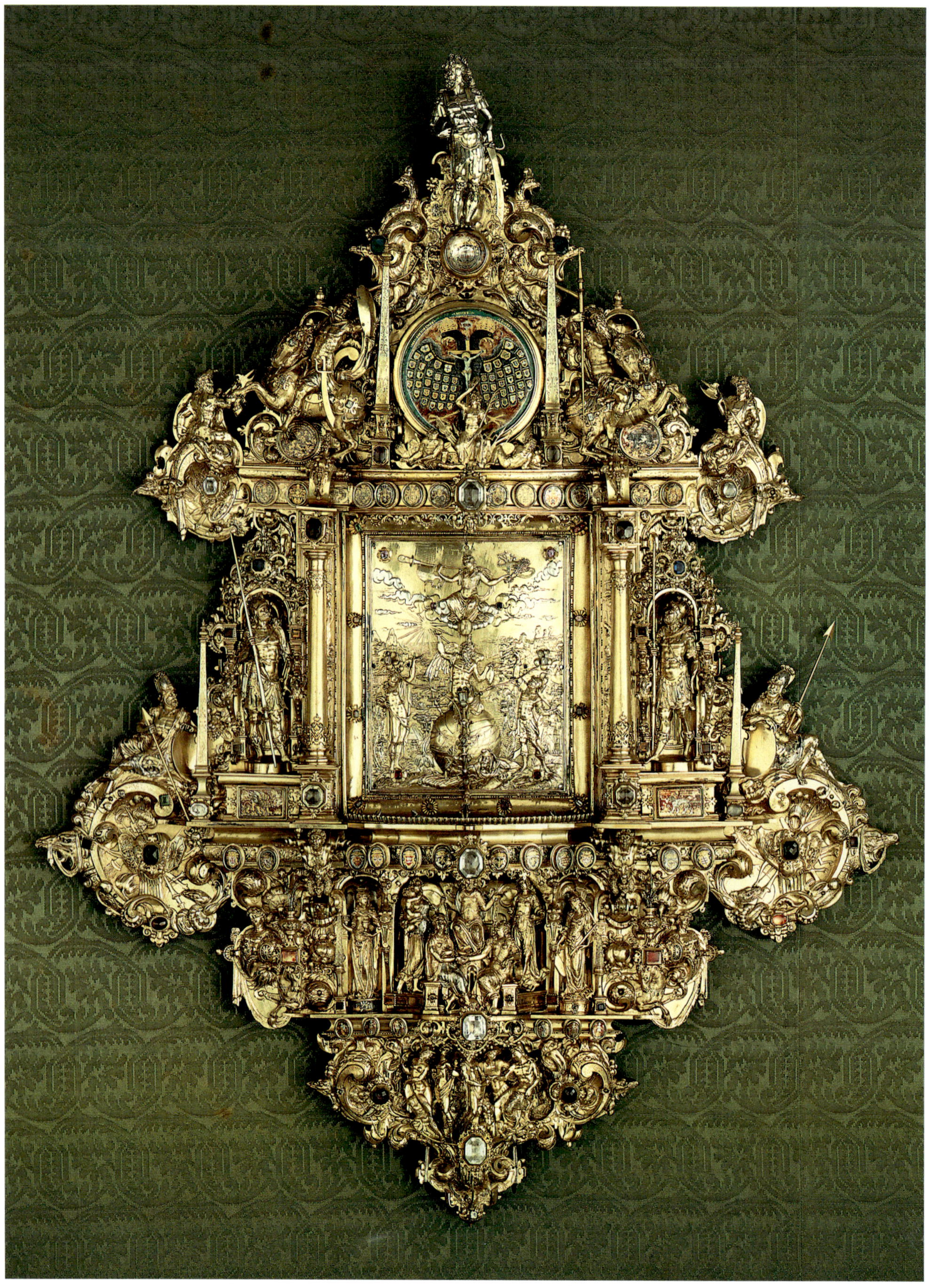

NEUES GRÜNES GEWÖLBE – RAUM / ROOM / 展示室: 1

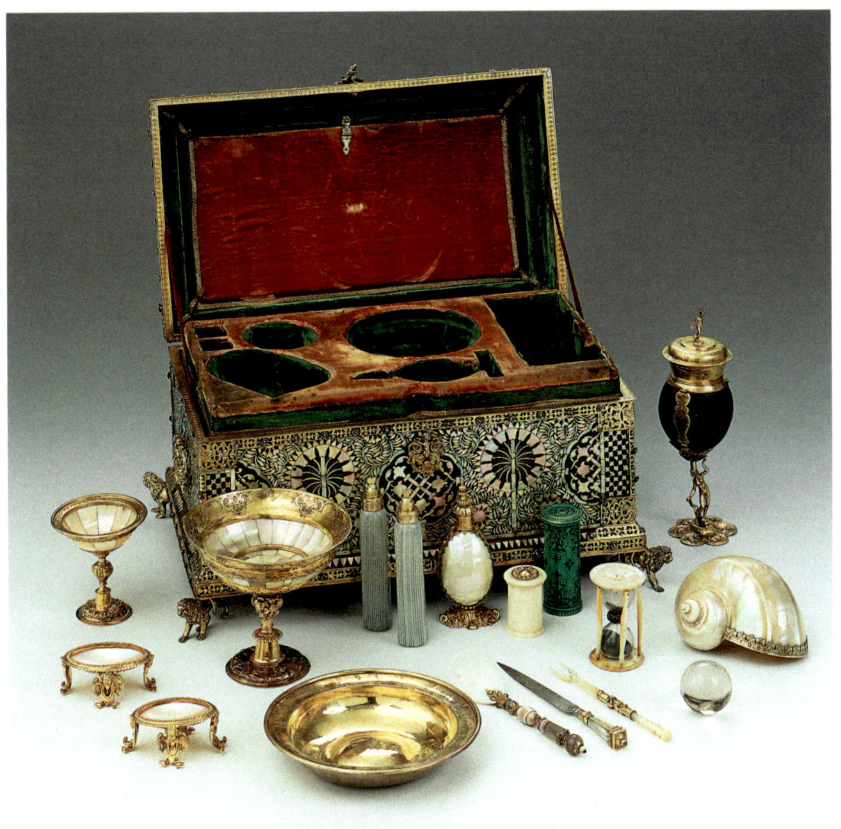

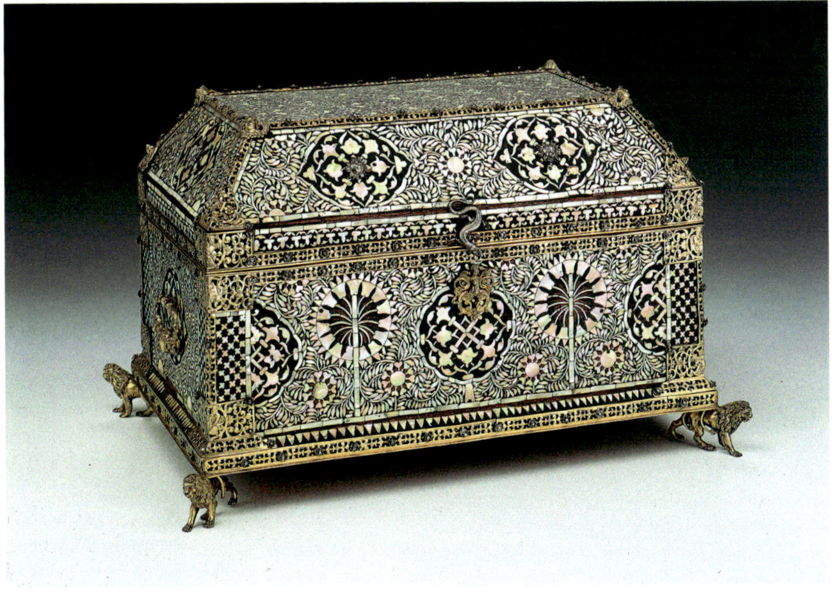

1] **Lüneburger Spiegel (1587–92):**
Der Spiegel – eine ungewöhnlich große Goldschmiedearbeit von hervorragender Qualität – ist hinter einer figurenreichen Abdeckung verborgen. Auf ihr ist der auf einer Weltkugel sitzende, klagend emporblickende Genius der Zeit dargestellt.

Lüneburg mirror (1587–92):
The mirror – an unusually large piece of goldsmith work of outstanding quality – is concealed behind a cover with rich figural ornamentation including a figure representing Time seated on a globe and gazing upwards in plaintive attitude.

リューネブルクの鏡（1587–92年）：
これは、他に類を見ない傑出した品質の大型金細工で、多くの彫像で覆われた面の裏側に隠し鏡が見られる。ここには、地球儀の上で、嘆き仰ぎ見る当時の守護神の姿が表現されている。

2] **Reisekassette:** Das indische Kästchen (um 1600) ist mit seinen stilisierten Pflanzenmustern aus Perlmutter, die von schwarzem Asphaltlack umgeben sind, eines der prächtigsten und kostbarsten seiner Gattung. Im Inneren befinden sich zwei mit Damast und Samt bezogene Einsätze, die 36 Gegenstände aufnehmen.

Travelling casket: This Indian casket (c. 1600) with its stylised floral motifs in mother of pearl surrounded by black mastic, is among the most magnificent and precious objects of its kind. Inside the casket there are two trays lined with damask and velvet, which hold 36 objects.

旅行用手箱: このインド製の小箱（1600年頃）は、真珠貝の植物柄を様式化したもので、周囲を黒のアスファルト・ラッカーで覆ったもの。この類としては、最も華麗で高価な品の一つ。内側には、ダマスク織とビロードの二種類で覆った上張りがあり、36の小物類を入れることができる。

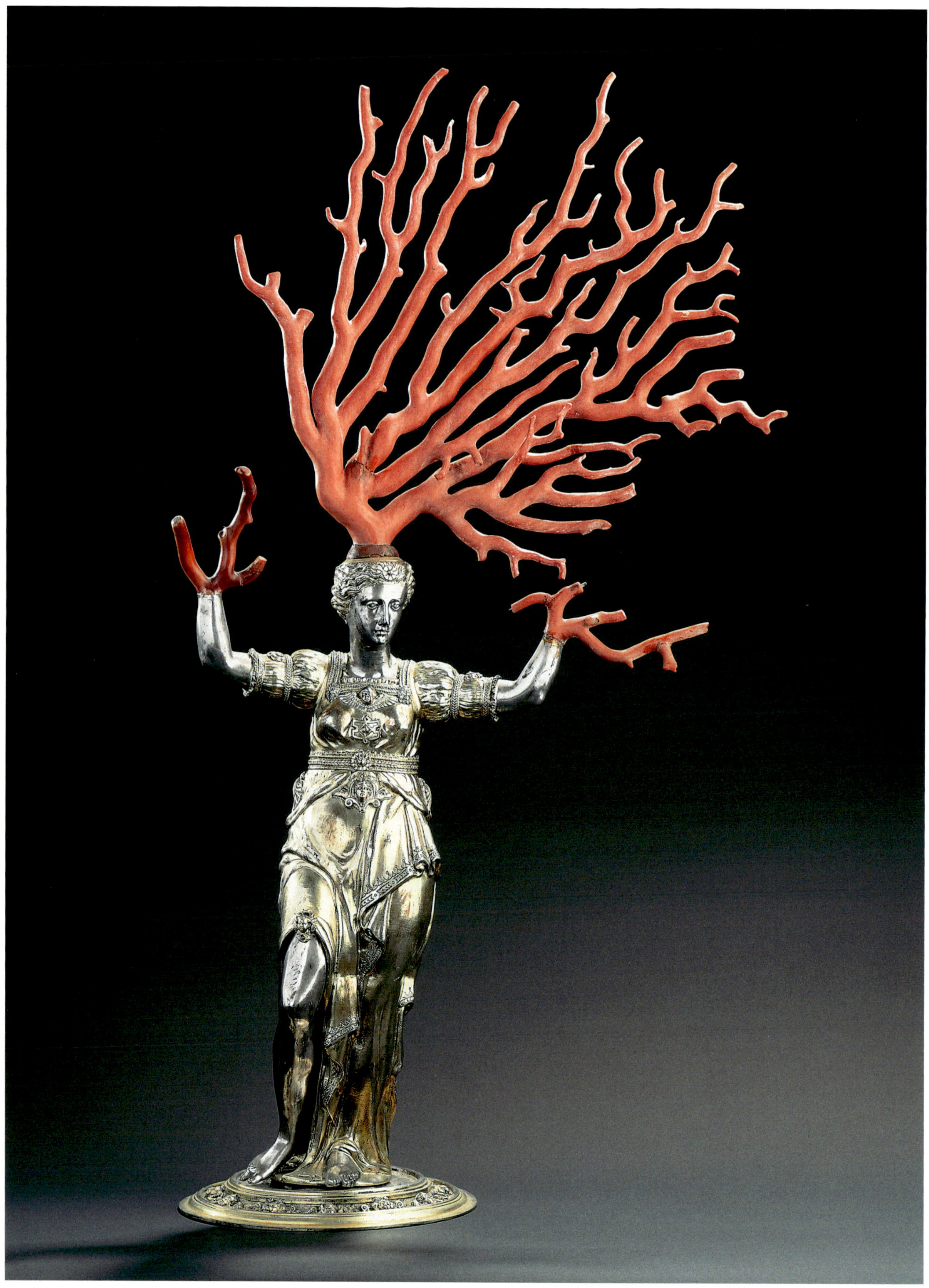

3] **Daphne (Nürnberg, um 1579–86):** Dargestellt ist die Nymphe
Daphne, die sich – um den Annäherungen des Gottes Apoll zu
entfliehen – in einen Lorbeerbaum verwandelt, hier veranschau-
licht durch einen Korallenzinken. Der Entwurf geht auf einen
der bedeutendsten Künstler der deutschen Renaissance zurück,
auf den Goldschmied Wenzel Jamnitzer, die Ausführung stammt
von seinem Sohn Abraham.

Daphne (Nuremberg, c. 1579–86): This is a representation
of the nymph Daphne who transforms herself into a bay tree to
escape the attentions of the god Apollo. The bay tree is represented by a piece of coral. The design is by one of the most important artists of the German Renaissance, the goldsmith Wenzel
Jamnitzer. The work was executed by his son Abraham.

ダフネ（ニュルンベルク、1579–86年頃）：神アポロの接近から逃
れるため、妖精ダフネが月桂樹に姿を変える場面が表現されてい
る。珊瑚のくまでが具体的な様子を表わしている。この作品の草
案は、ドイツルネッサンスの巨匠の一人、金細工師ウェンツェ
ル・ヤムニッツァーに起因するが、作品を制作したのは、その
息子アブラハムの手になる。

4] **Geschraubte Säule mit Figurenuhr und Musikautomat
(Dresden, 1589):** Die 117 cm hohe Elfenbeinsäule verbindet
vier technische Meisterleistungen: sie ist Drechselkunststück,
Uhr, Figurenautomat und Musikautomat. Stündlich erklang
eine Melodie, dazu wurden die drei Pagen nach oben gezogen,
die Pauker trommelten und die Trompeter erhoben ihre
Instrumente.

**Turned column with a screw pattern containing a clock with
figures and a musical mechanism (Dresden, 1589):** The 117 cm
tall ivory column combines four masterpieces of mechanical
engineering: it is a lathe-turned work of art, a clock, a figural
automaton and a musical mechanism. A tune was played on the
hour while the three pages were drawn upwards, the drummers
played their drums and the trumpeters raised their instruments.

オルゴールと彫像の付いた螺旋状の柱（ドレスデン、1589年）：
この高さ117 cm の象牙製の柱は、ろくろ芸術、時計、仕掛け彫
像とオルゴールという四つの一流技術を組み合わせた傑作である。
一時間ごとに一つのメロディーが流れ、これにあわせ、三人の小
姓が上に昇り、ティンパニー奏者が太鼓を打ち、トランペット奏
者が楽器を持ち上げる。

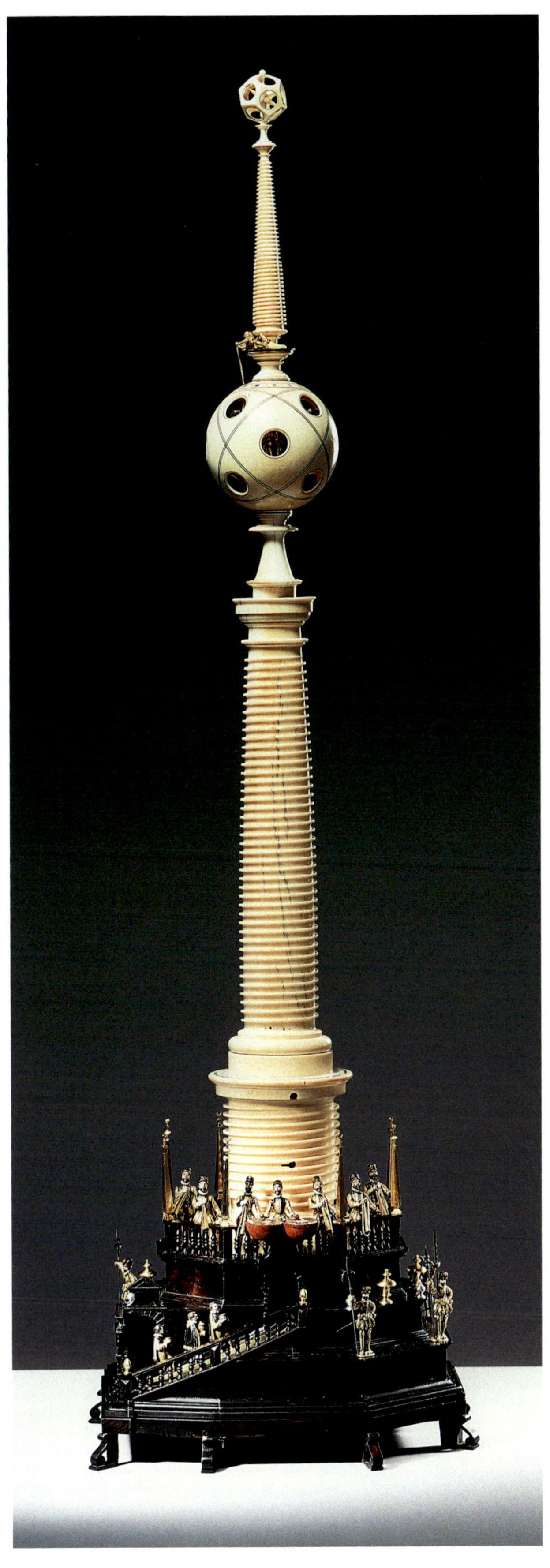

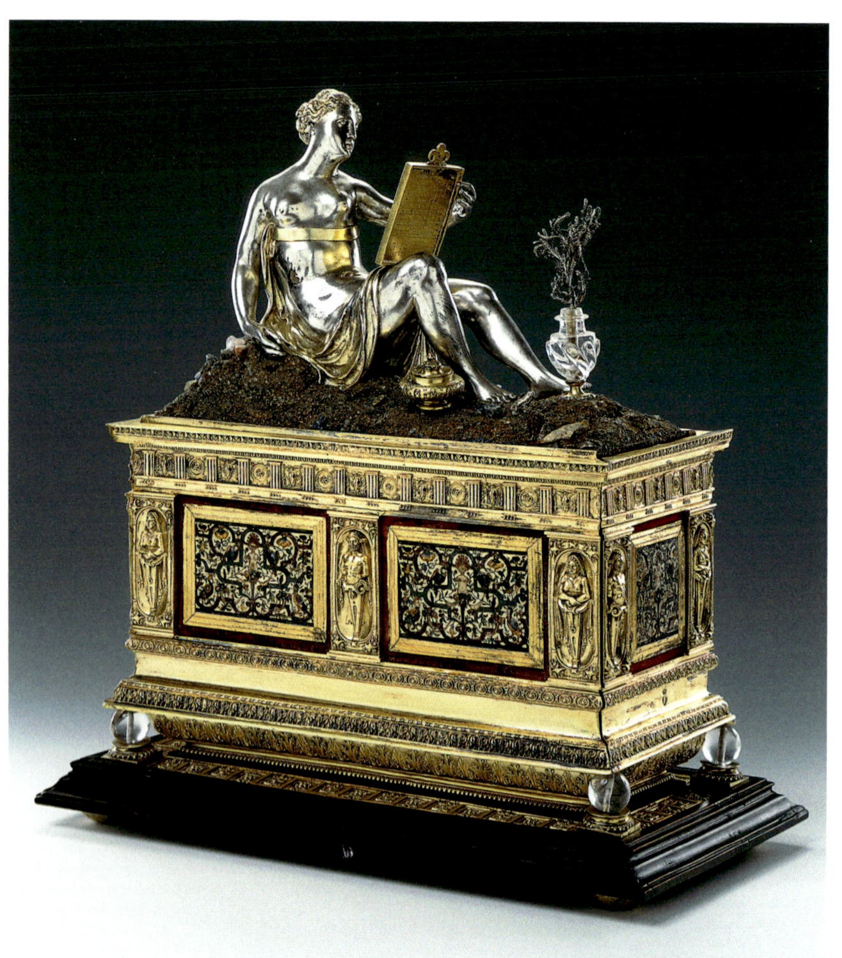

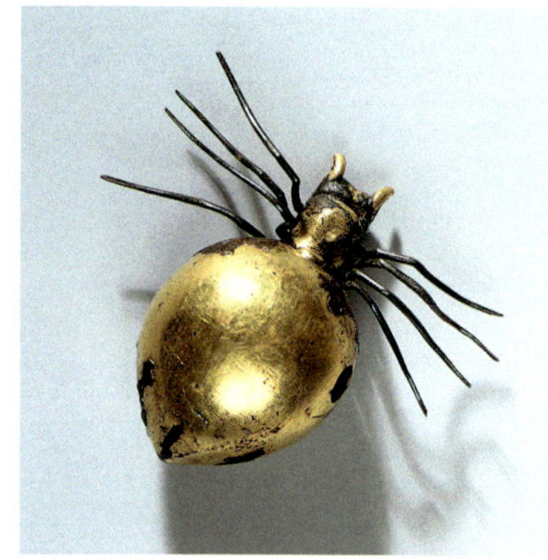

5] **Kassette mit Allegorie der Philosophie:** Die Figur der Philosophie hält eine Tafel mit lateinischer Inschrift in Händen, die besagt, dass die Wissenschaft die Natur überflügele, bleibende Denkmale der Kunst errichte und Vergängliches verewige. Mit Hilfe eines Geheimmechnismus ließ sich der Kasten öffnen und offenbarte Schubladen für Schreibutensilien (Wenzel Jamnitzer, 1562).
Casket with an allegory of philosophy: The figure representing philosophy holds a tablet with a Latin inscription in her hands. This says that science can surpass nature, create lasting monuments of art and immortalise the transient. A secret mechanism made it possible to open the casket to reveal drawers for writing utensils (Wenzel Jamnitzer, 1562).
手箱（哲学を表わす彫像）： 哲学を象徴する彫像は、ラテン語の銘板を手に持ち、そこには「学問が自然を凌駕し、不変の芸術記念碑を建て、うつろいやすいものを永遠に伝える」意が刻まれている。この小箱は、隠しメカニズムで開けることができ、開いた引き出しには、文具を入れることができる（1562年、ウェンツェル・ヤムニッツァー作）

6] **Spinnenautomat:** Mit Hilfe eines im Inneren verborgenen Laufwerks konnte sich das 2,6 cm kleine Tier vorwärts bewegen und durch rasches Heben und Senken der Beine das Laufen einer Spinne imitieren. Tobias Reichel konstruierte sie vor 1604 für Christian II.
Spider automaton: By means of a hidden clockwork mechanism the tiny animal measuring 2.6 cm could move forward and by rapidly raising and lowering its legs imitate the movements of a spider. Tobias Reichel created this automaton before 1604 for Christian II.
蜘蛛の自動装置： 内側に隠された仕掛けにより、この2,6 cm の小さな生き物が前に進む。蜘蛛の足がすばやく上下に動くことで、まさに蜘蛛の歩く姿が模倣されている。宮廷時計職人が、1604年より以前にクリスティアン二世のために設計したもの。

7] **Kugellaufuhr (wohl Augsburg, um 1600):** Dieses Werk des genialen Uhrmachers Hans Schlottheim ist ein Wunderwerk der Mechanik. In genau einer Minute umlief eine Bergkristallkugel in 16 Windungen die turmförmige Uhr, während im Inneren des Gehäuses eine zweite Kugel emporgehoben wurde. War dies geschehen, rückte der Zeiger weiter und Saturn schlug mit dem Hammer auf die Glocke.
Rolling-ball clock (probably Augsburg, c. 1600): This work by the ingenious clockmaker Hans Schlottheim is a masterpiece of mechanical engineering. In exactly one minute a rock crystal ball circled the tower-shaped clock 16 times while a second ball inside the case was raised. When this happened, the hand moved on and Saturn struck the bell with his hammer.
球が時を打つ時計（1600年頃、おそらくアウグスブルク製）： 天才的な時計職人ハンス・シュロットハイムが製作した驚異的な機械技術傑作品。一分刻みで水晶の球が塔状時計の16の回旋を旋回する一方で、時計内部の2番目の球が高く持ち上げられるしくみ。これが行われると、時計の針が進み、サトゥルヌスの像がハンマーで鐘を打つ。

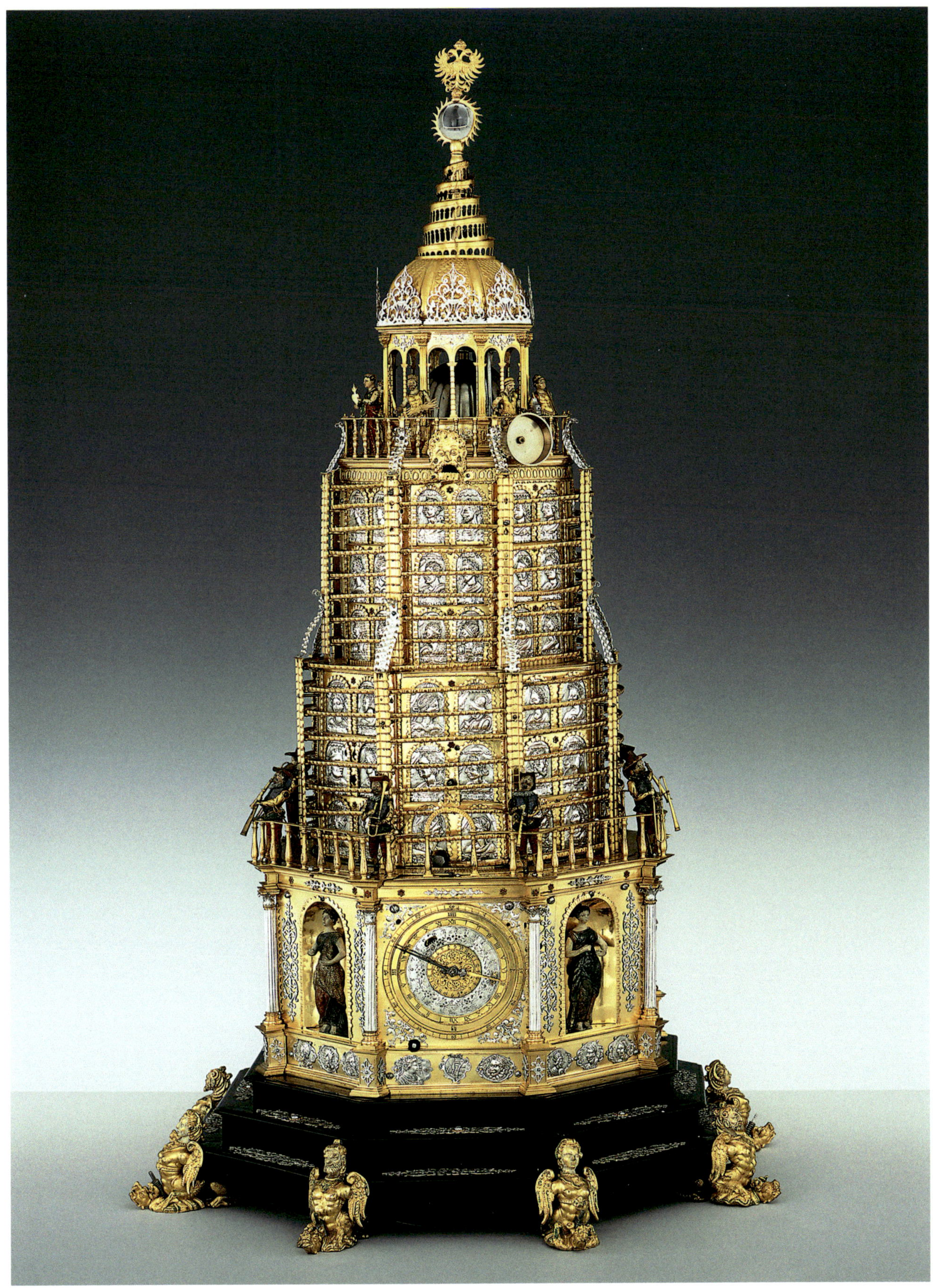

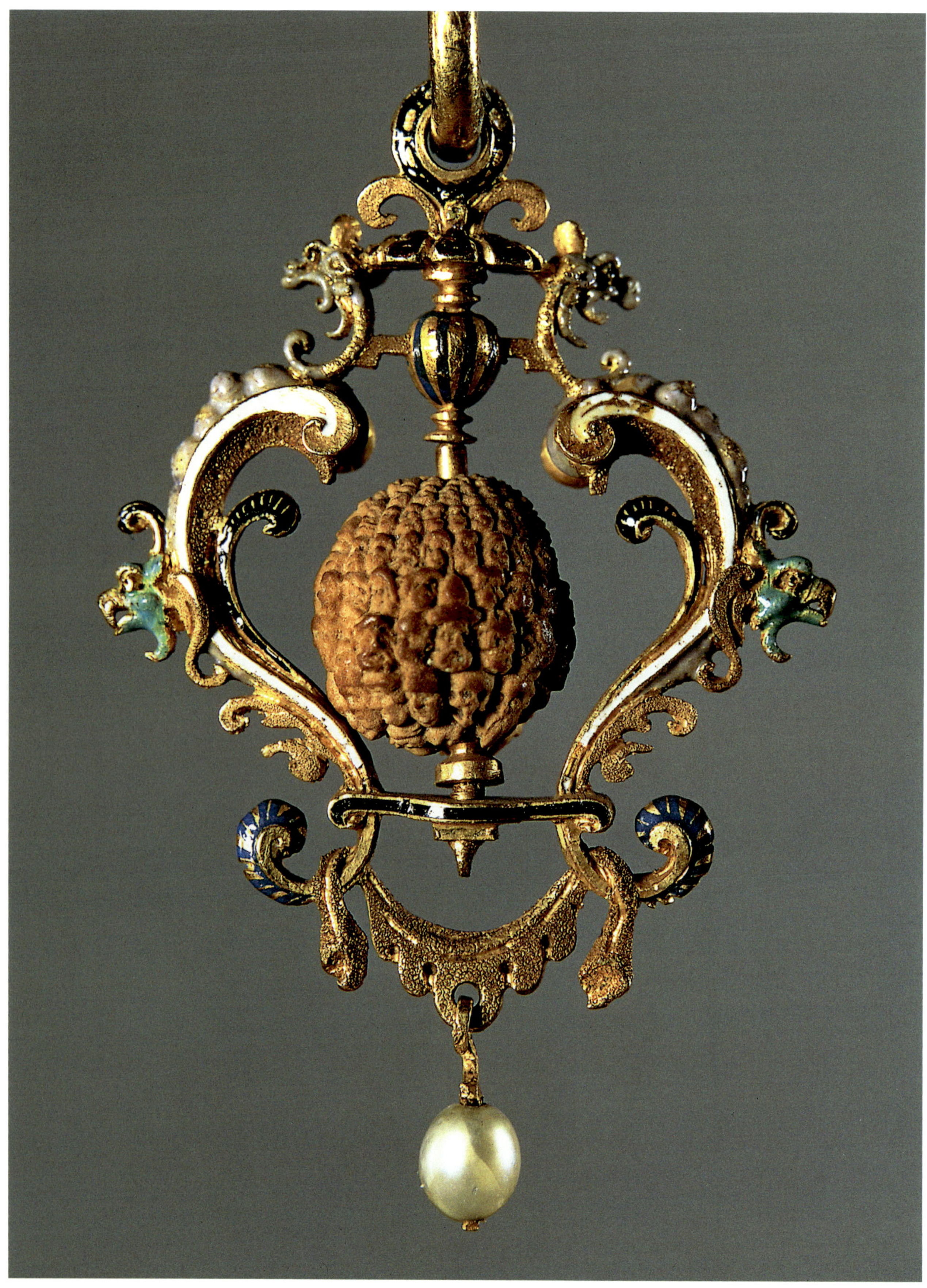

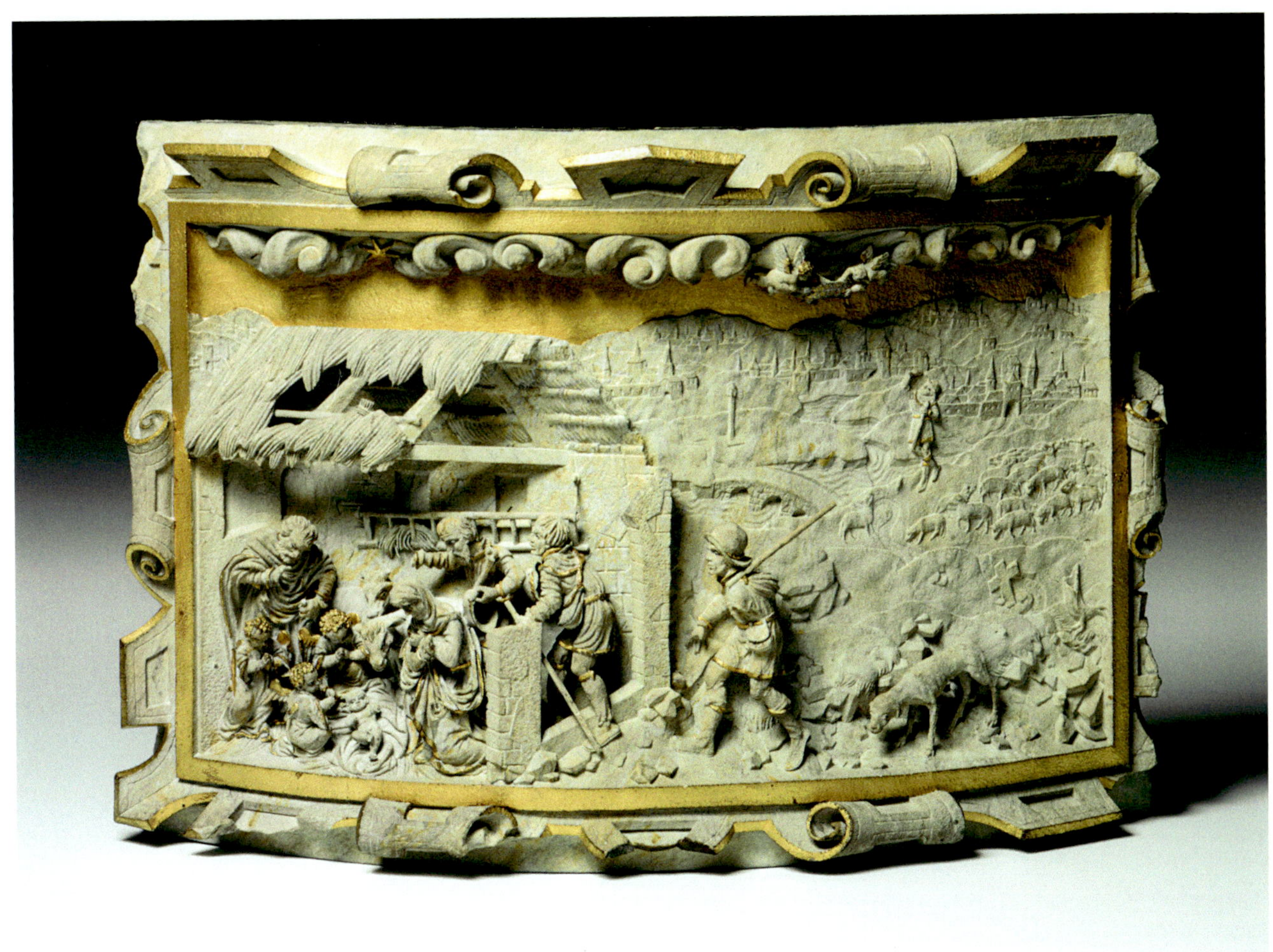

1] **Kirschkern (Deutschland, vor 1589):** In den als Schmuckanhänger gefassten Kirschkern sind 113 Köpfe von Vertretern geistlichen und weltlichen Standes geschnitzt.
Cherry stone (Germany, before 1589): This cherry stone mounted as a pendant is carved with 113 faces and heads of representatives of the clerical and secular estates.
さくらんぼの種（ドイツ、1589年以前）：さくらんぼの種をはめ込んだ飾りペンダントには、聖職界と世俗界の権力者113人の頭が彫りこまれている。

2] **Relief mit Geburt Christi und Anbetung der Hirten:** Das konvex gebogene Sandsteinrelief war für den Taufstein der Sankt-Petri-Kirche in Freiberg bestimmt. Es stammt von dem Freiberger Bildhauer Samuel Lorentz aus den Jahren 1588/89.
Relief with the Birth of Christ and Adoration of the Shepherds: This convex sandstone relief was created for the font at St. Peter's Church in Freiberg. It was executed by the Freiberg sculptor Samuel Lorentz in 1588/89.
キリストの生誕と羊飼いの祈り：突起状に盛り上げて彫られたこの砂岩レリーフは、フライベルグ聖ペトリ教会の洗礼盤のために、1588/89年、フライベルグの彫刻家サミュエル・ローレンツの手によって制作されたもの。

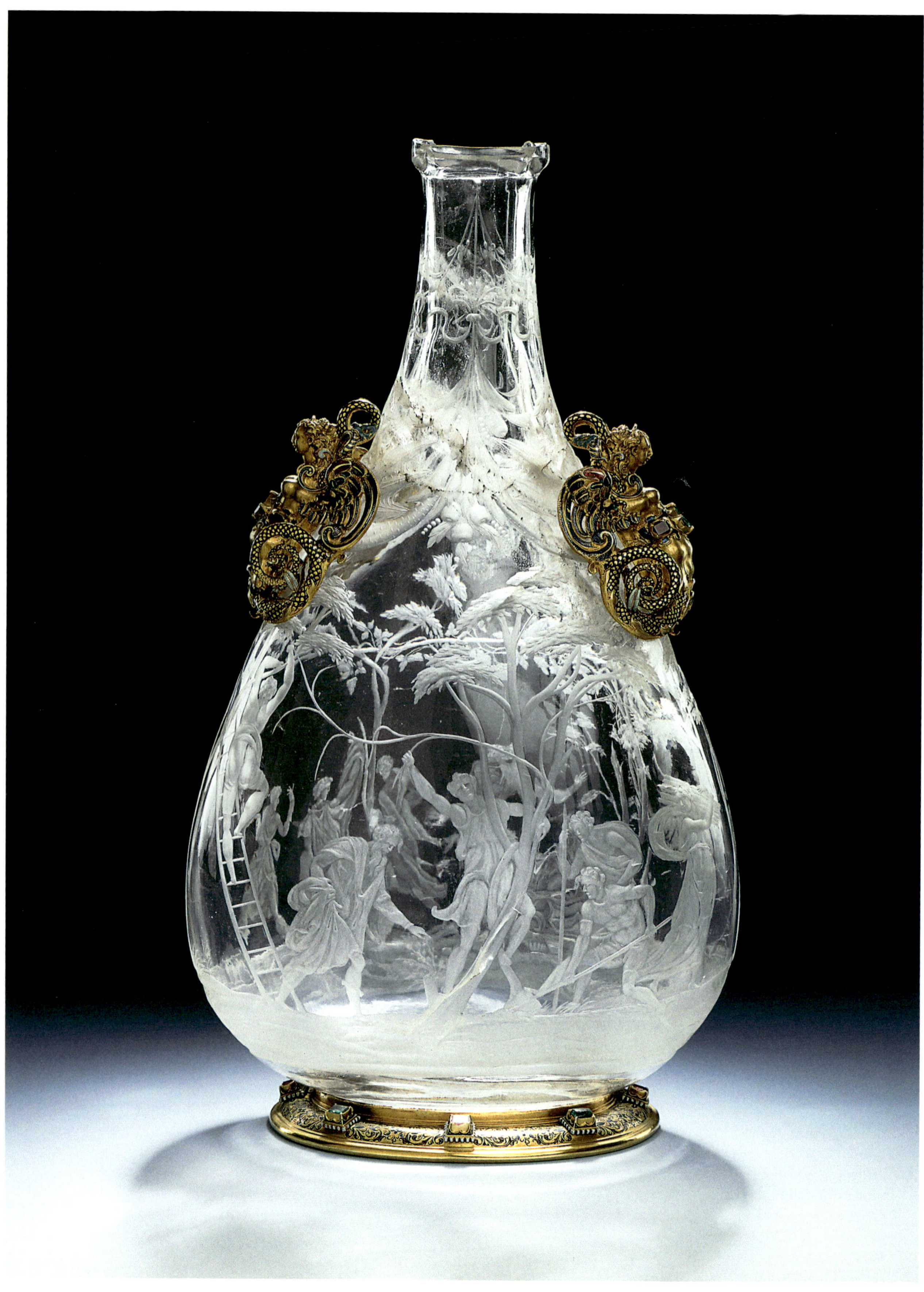

KRISTALL-KABINETT / CRYSTAL CABINET / クリスタル・キャビネット

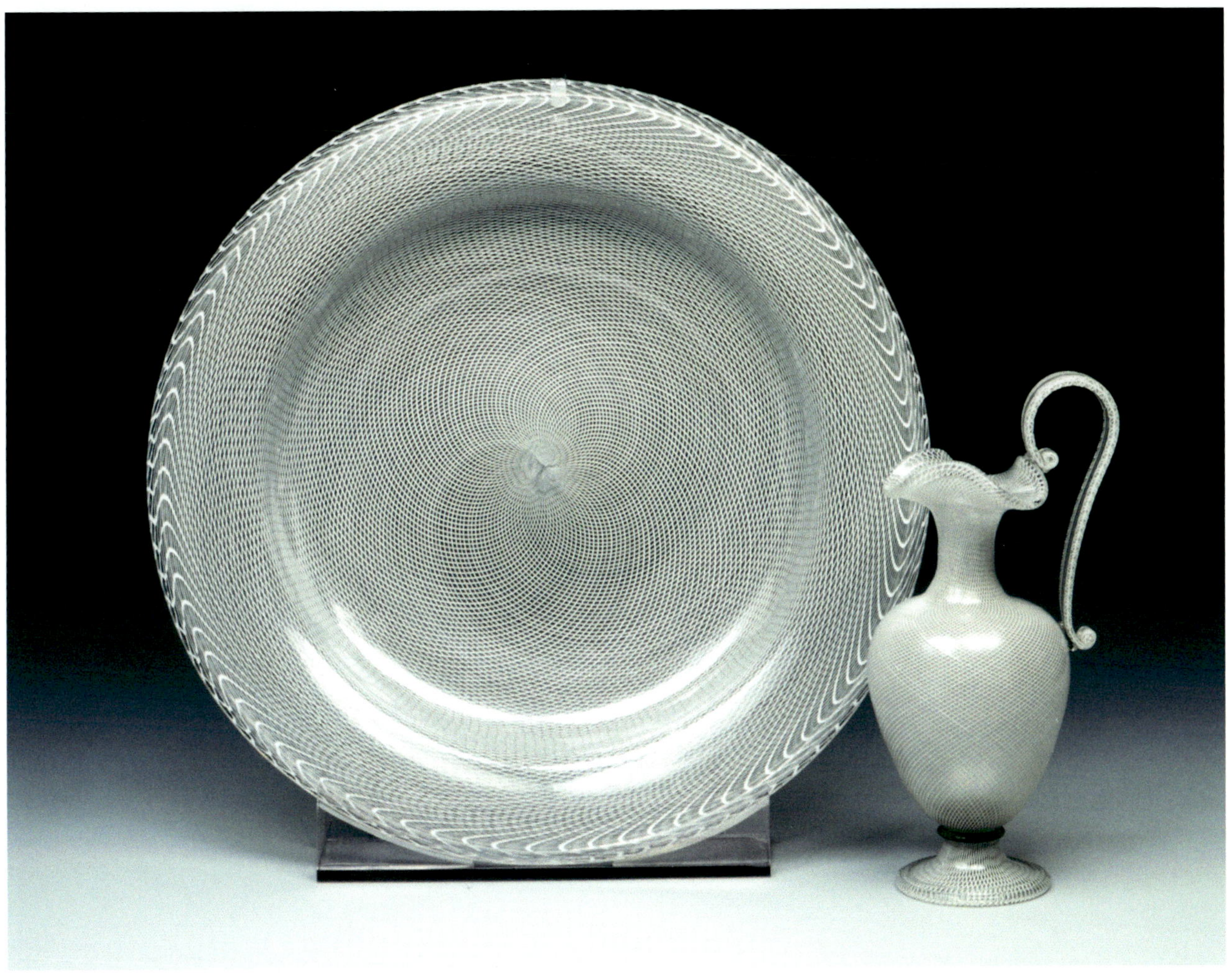

1] **Flasche mit Darstellungen aus der Geschichte des Noah:** Die prächtige Flasche aus Bergkristall mit kostbarer Goldfassung entstand um 1580 in der Mailänder Werkstatt der Saracchi. Auf den Gefäßkörper wurden nach einem Entwurf von Annibale Fontana Szenen aus der Geschichte des trunkenen Erzvaters Noah eingeschnitten.
Flask with scenes from the life of Noah: This magnificent rock-crystal flask with its precious gold mount was created around 1580 in the Milan workshop of the Saracchi. The wall of the vessel is adorned with carvings showing scenes of the inebriated patriarch Noah after a design by Annibale Fontana.
小瓶「ノアの箱舟」より：高価な金の縁取りで装飾されたこの華麗な水晶製の小瓶は、1580年頃、ミラノのサラッチ工房で制作されたもの。中央本体の部分は、アニバーレ・フォンターナの草案により、「ノアの箱舟」の洪水伝説のシーンが彫刻されている。

2] **Kanne und Becken (Venedig, um 1600):** Venezianische Netzgläser gehören zu den subtilsten und elegantesten Erzeugnissen der Glaskunst überhaupt. Sie waren kaum zur praktischen Nutzung, sondern als Zierde oder Sammlungsobjekte gedacht.
Ewer and basin (Venice, c. 1600): Venetian »vetro a reticello« vessels are among the most subtle and elegant products of glass-making. They were intended more for decoration or as collector's pieces than for practical use.
ポットと水盤（ヴェネチア、1600年頃）：このヴェネチア製の網目ガラスは、ガラス芸術の中でも最も精妙でエレガントな作品に属する。これらは、実用されたわけではなく、装飾またはコレクション用に考えられた作品。

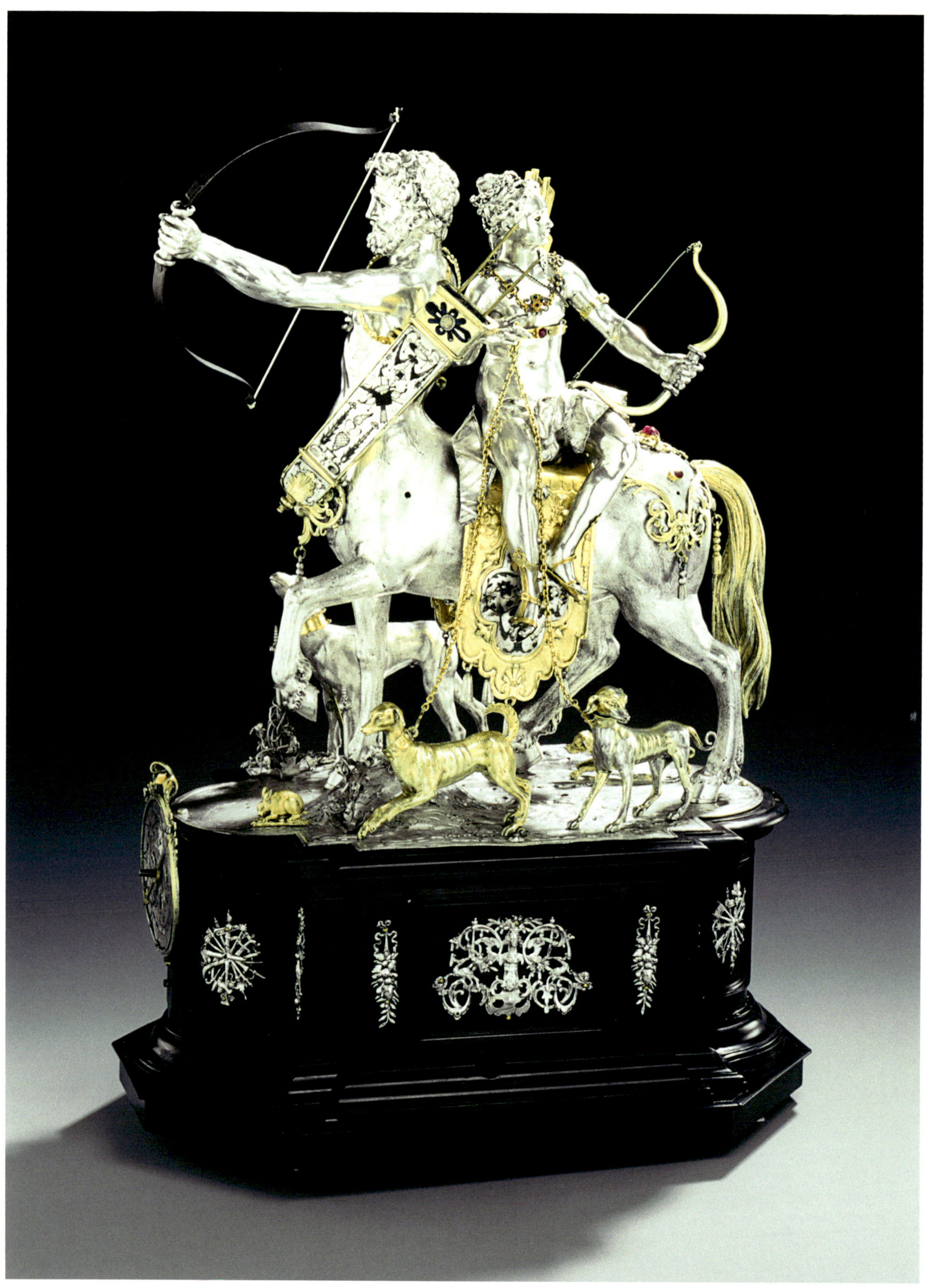

1] **Diana auf dem Kentauren:** Dieses skurrile Trinkspiel konnte sich über den Tisch bewegen, die Figuren rollten mit den Augen und der Kentaur schoss schließlich einen Pfeil ab. Kurfürst Christian II. von Sachsen, ein leidenschaftlicher Sammler von feinmechanischen Meisterwerken, erwarb es 1610.

Diana on the centaur: This bizarre drinking vessel with automaton could move across the table whereby the figures rolled their eyes and the centaur finally shot an arrow. It was acquired in 1610 by Elector Christian II of Saxony, who was an enthusiastic collector of precision-engineered masterpieces.

ケンタウロスに乗るダイアナ: テーブルの上を動くこの奇妙な酒杯用仕掛けでは、彫像が目をぎょろつかせ、ケンタウロスが矢を放つ。精密機械の傑作品を情熱的に収集したザクセン選帝侯クリスティアン二世が1610年に入手したもの。

2] **Globuspokal mit Herkules, der die Erdkugel trägt:** Der Erdglobus lässt sich öffnen und ist dadurch als Trinkgefäß verwendbar. Mit Hilfe von Laufwerken konnte sich der Pokal über den Tisch bewegen. Der Augsburger Meister Elias Lencker schuf dieses Trinkspiel zwischen 1626 und 29.

Globe cup with Hercules bearing the earth: The globe can be opened and used as a drinking vessel. It could move across the table by means of a clockwork mechanism. This »Trinkspiel« (humorous drinking vessel) was created by the Augsburg master goldsmith Elias Lencker between 1626 and 29.

地球儀の杯（地球を背負うヘラクレス）: この地球儀部分を開けると飲用の杯として使用できる。からくりの仕掛けにより、この杯はテーブルの上で動く。この酒杯用仕掛け作品は、1626年 から29年にかけてアウグスブルクのマイスター、エリアス・レンカーが制作したもの。

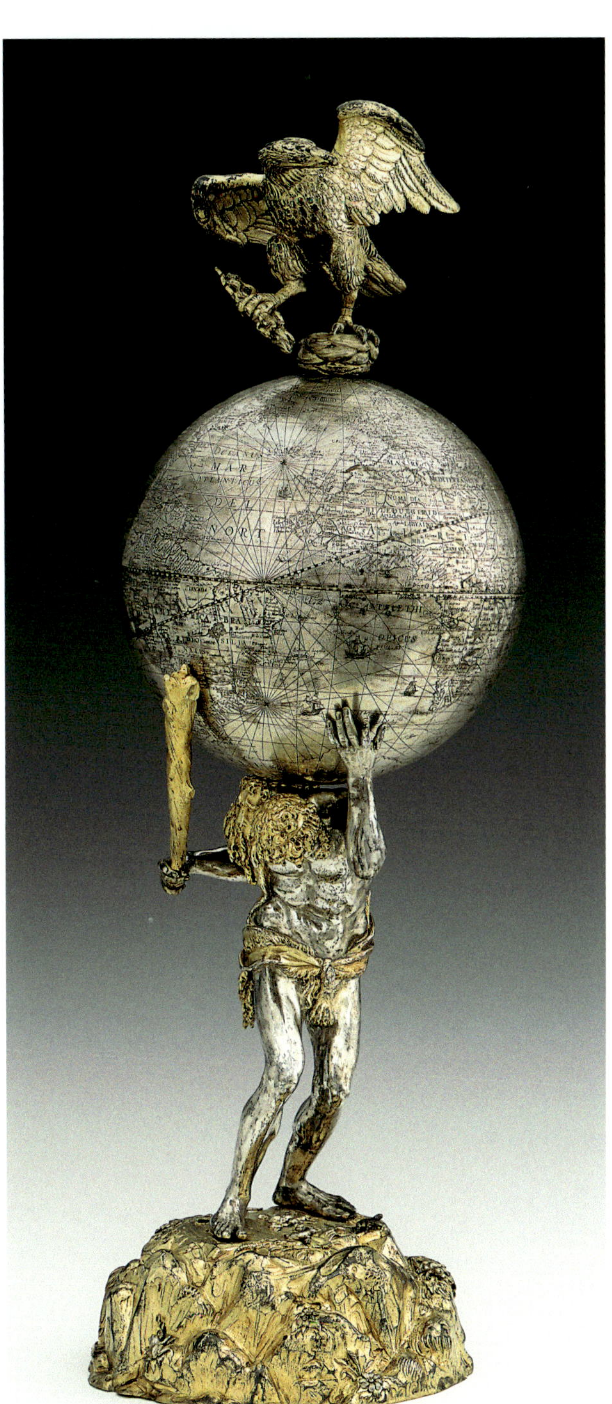

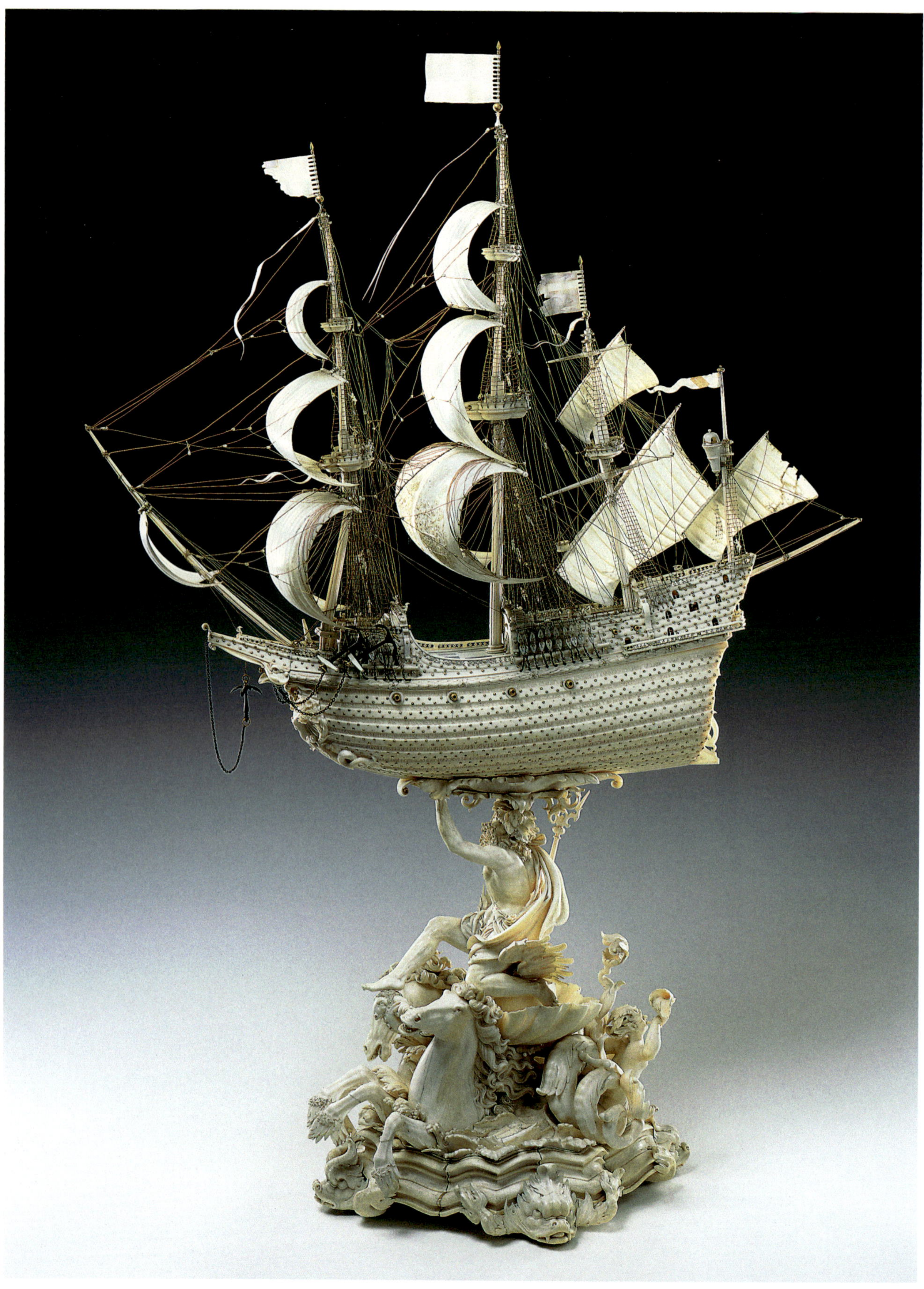

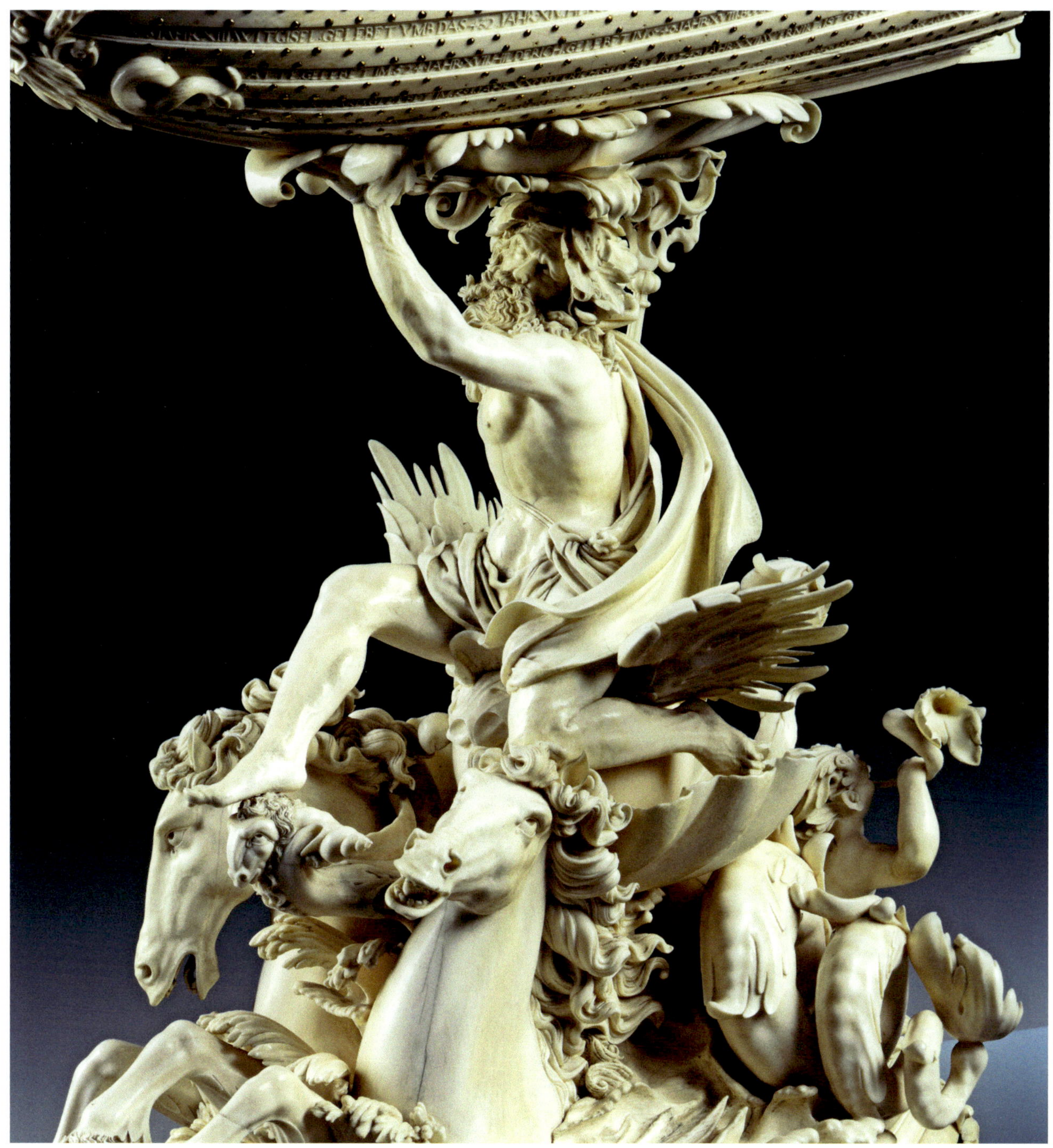

3] **Fregatte (Dresden, 1620):** Die Fregatte zählt zu den bedeutendsten Werken des außerordentlich begabten Hofdrechslers Jacob Zeller. Das Kriegsschiff, auf dessen papierdünnen Hauptsegeln aus Elfenbein die Wappen des kurfürstlichen Paares, Johann Georgs I. und seiner Gemahlin Magdalena Sibylla von Brandenburg, eingeschnitten sind, besitzt eine Takelage aus Golddraht, in der winzige Matrosen aus Elfenbein klettern.

Frigate (Dresden, 1620): The frigate is among the most important works by the highly talented court turner Jacob Zeller. This man-of-war with its paper-thin mainsail in ivory bearing the coat of arms of the Electoral couple, Johann Georg I and his consort Magdalena Sibylla of Brandenburg has gold wire rigging manned by tiny sailors in ivory.

フリゲート艦（ドレスデン、1620年）： このフリゲート艦は、卓越した才能を持つ宮廷ろくろ師ヤコブ・ツェラーの重要な作品に数えられる。この戦艦は、紙のように薄い象牙製の主帆を備え、選帝侯ヨハン・ゲオルクス一世とその夫人マグダレーナ・ジビラ・フォン・ブランデンブルグの紋章が刻み込まれている。また、象牙製の小さな船乗りが金線のリギングをよじ登っている。

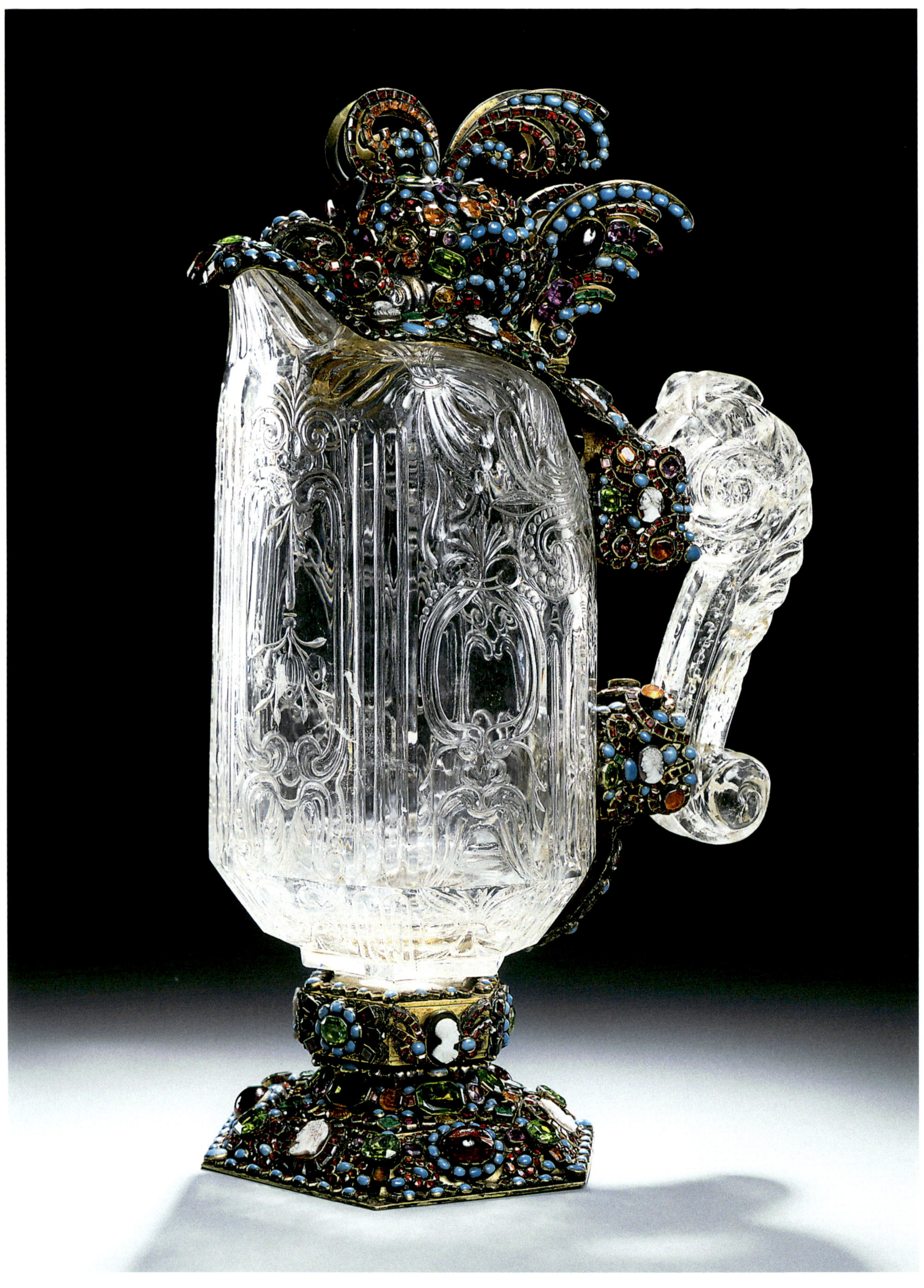

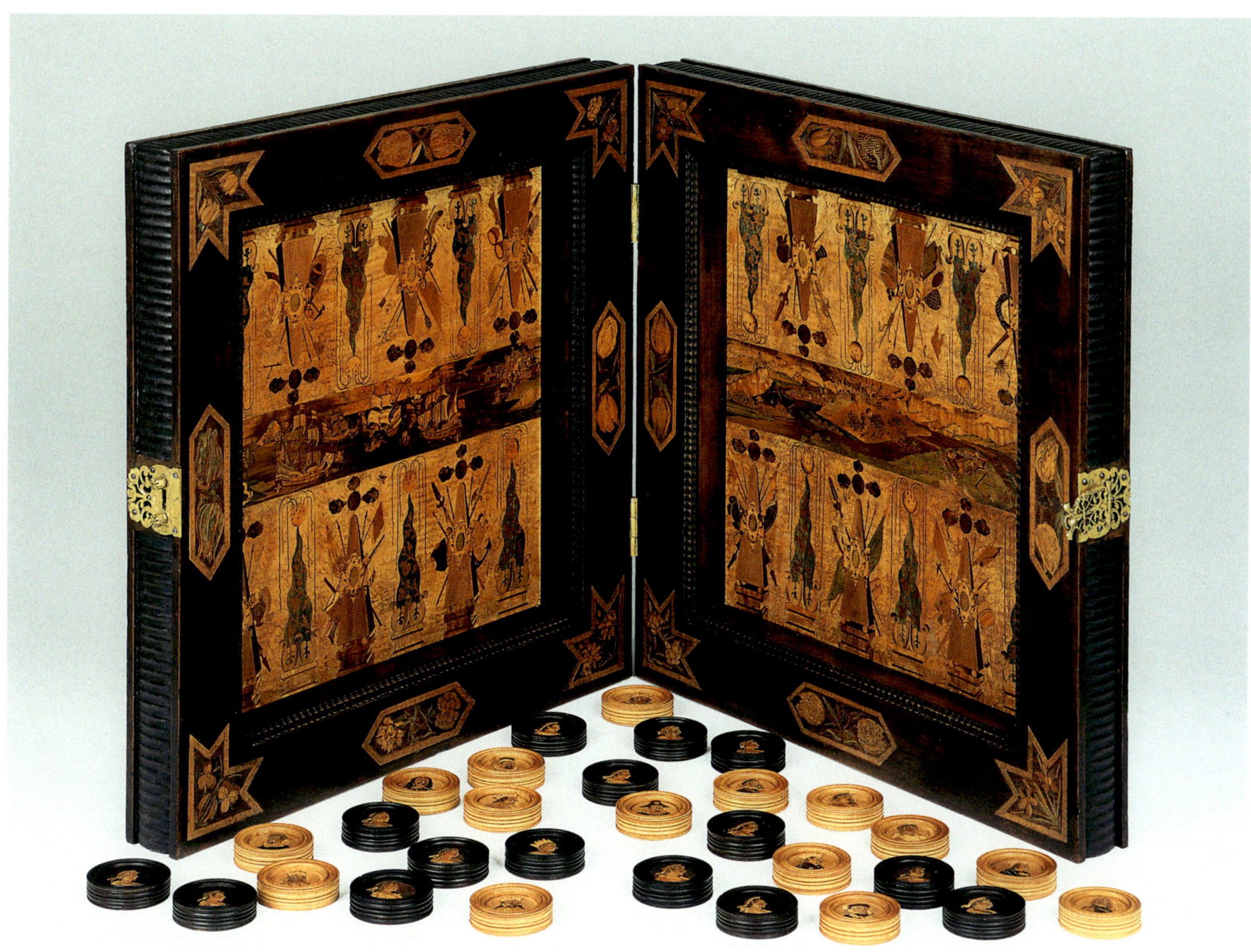

1] **Große Kanne mit Drachenkopf (Prag, 1653–56):** Der kaiserliche Hofsteinschneider Dionysio Miseroni schuf dieses Meisterwerk des Bergkristallschnitts, das mit Edelsteinen und Kameen übersät ist.
Large ewer with head of a dragon (Prague, 1653–56): This masterpiece of rock crystal cutting, which is studded with gemstones and cameos, was created by the imperial court stone-cutter Dionysio Miseroni.
竜の頭を持つ大ポット（1653–56年、プラハ）：皇帝に仕える宮廷石切工ディオニシオ・ミゼローニが宝石とカメオを散りばめたカット水晶の傑作品を制作。

2] **Brettspielkasten mit dreißig Spielsteinen:** Johann Georg Fischer vollendete das Brettspiel 1655 – eines der schönsten des 17. Jahrhunderts. Auf der Unterseite befindet sich das Schachbrett, auf der Schauseite ist die Entscheidungsschlacht bei Zama im Zweiten Punischen Krieg dargestellt und im aufgeklappten Zustand offenbart es ein Trictrac-Spiel.
Case for board games with thirty pieces: This case – one of the most beautiful from the 17th century – was made by Johann Georg Fischer in 1655. The underside could be used as a chessboard while the display side shows the decisive battle of Zama in the Second Punic War. When the case is opened, a trictrac board is revealed.
遊戯盤（30のゲームピース）：ヨハン・ゲオルク・フィッシャーがこの遊戯盤を1655年に完成させた。17世紀の作品としては最も美しいものの一つ。裏側にはチェス盤があり、表の飾り面には、第二次ポエニ戦争のザマの決戦の様子が表現されている。扉を開いた状態では、ダイスゲームに使用できる。

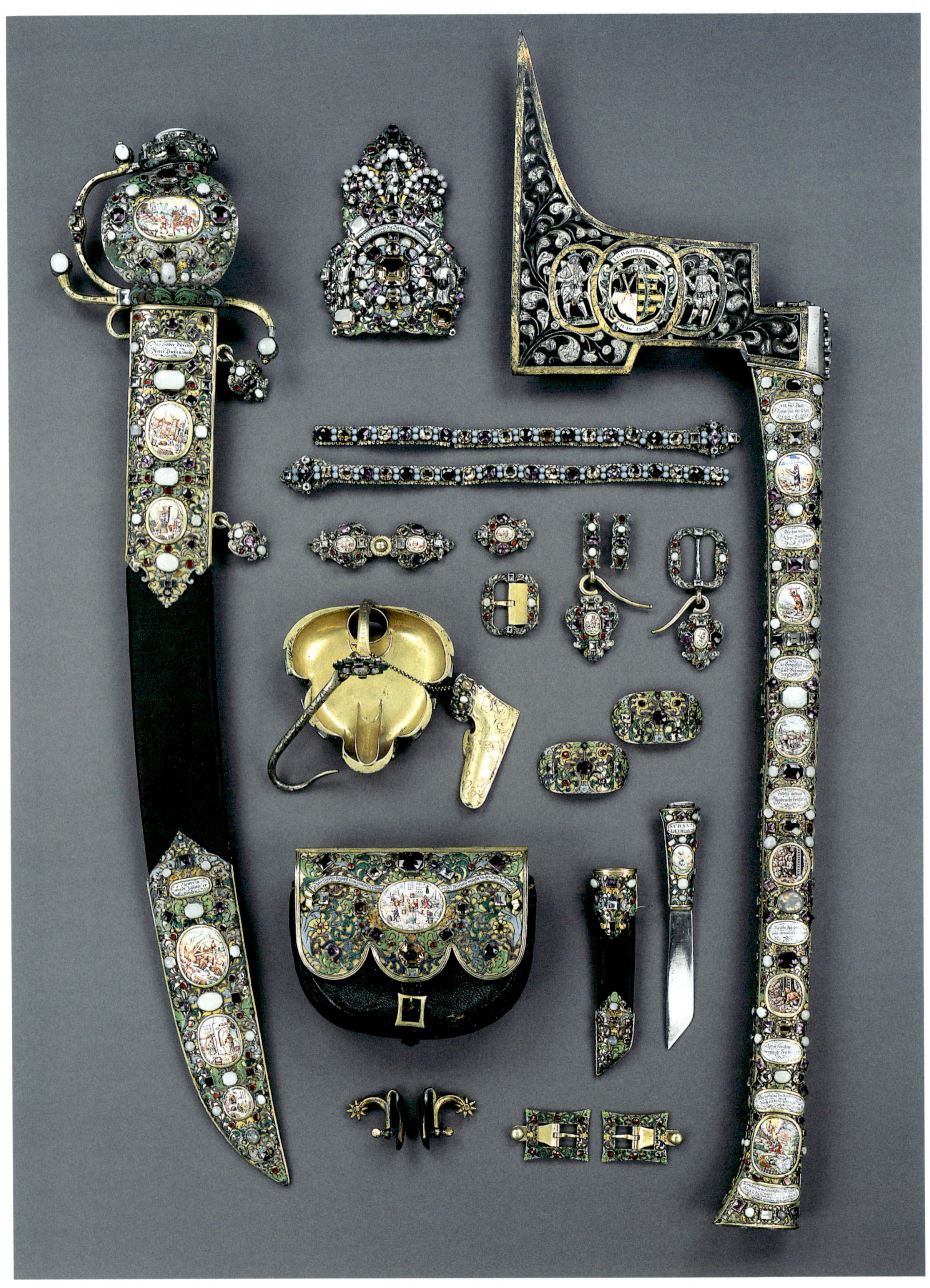

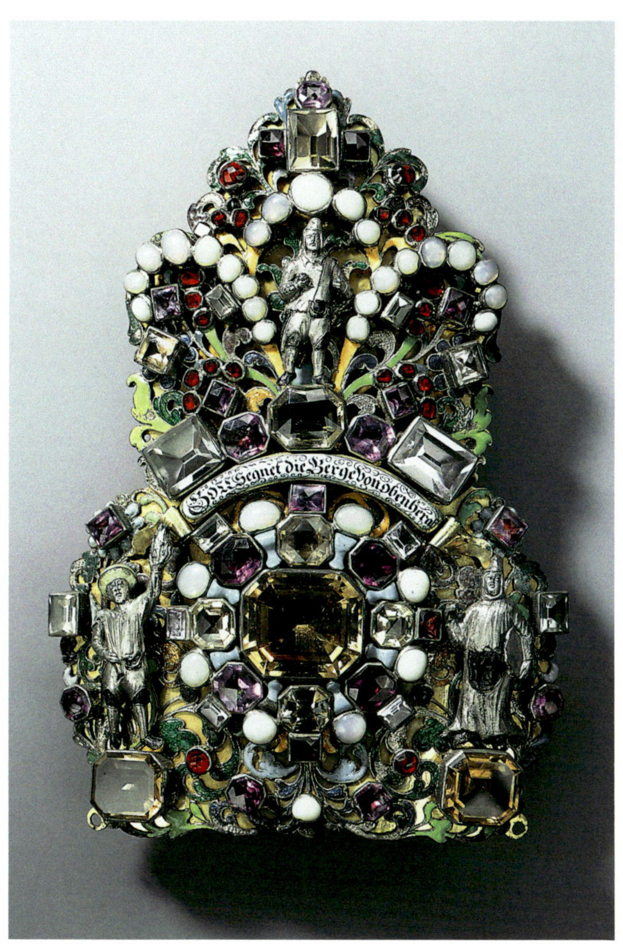 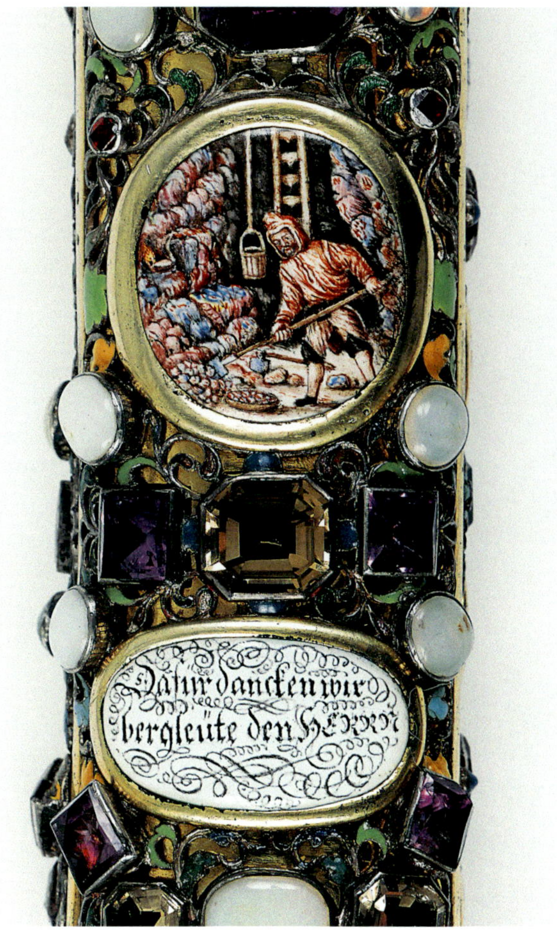

3] **Bergmannsgarnitur für Kurfürst Johann Georg II. von Sachsen:** Beim Aufzug zu Ehren des Merkur, dem Beschützer der Bergleute, trug Johann Georg II. 1678 die Garnitur, die unter anderem Bergbarte, Säbel mit Scheide, Messer mit Scheide, Ledertasche und ein Grubenlicht mit Dochtkratzer enthält. Geschaffen wurde sie von Samuel Klemm 1675 bis 77.
Miner's garniture for Elector Georg II of Saxony: Johann Georg II wore this garniture in 1678 on the occasion of the procession in honour of Mercury, the patron of miners. The garniture comprises a miner's axe, a sabre with sheath, a knife with sheath, a miner's lamp with a wick parer and other objects. It was created by Samuel Klemm between 1675 and 77.
ザクセン選帝侯ヨハン・ゲオルク二世のための鉱員用具一式：1678年、鉱山で働く者の守護神であるメルクリウスを称えるパレードの際に、ヨハン・ゲオルク二世がこの一式を身に付けた。鞘を備えたサーベル、鞘付き刀、革鞄、坑内ランプ（ろうそくの芯かきスクレーパー付き）などの鉱山労働者装身具。1675年から77年にかけてリミュエル・クレムによって制作されたもの。

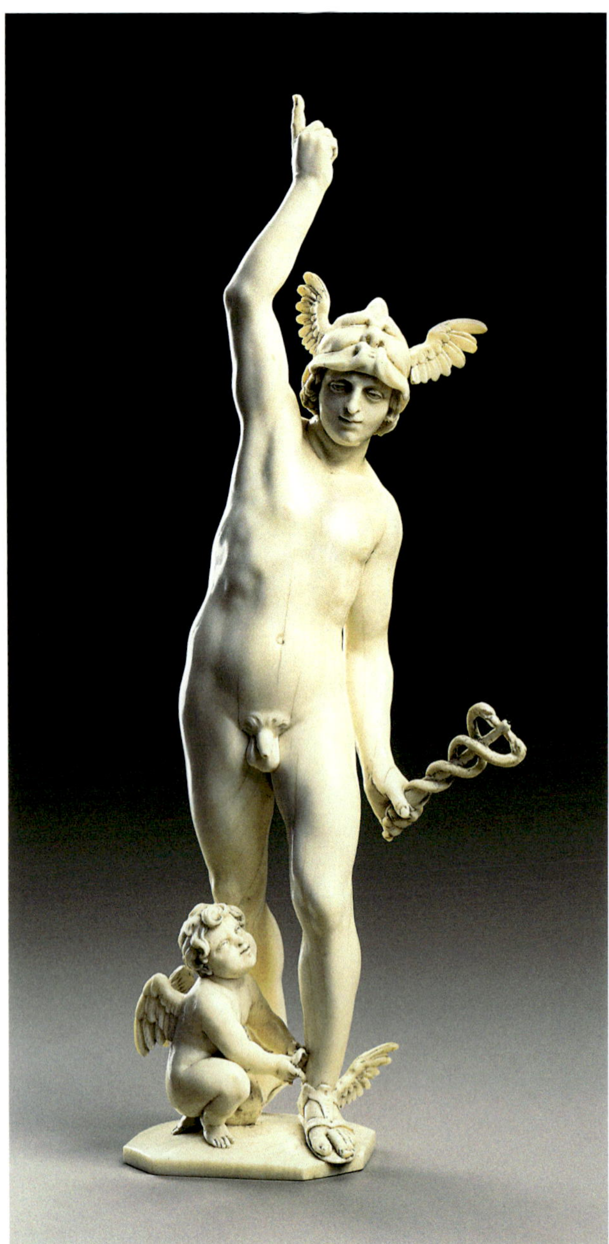

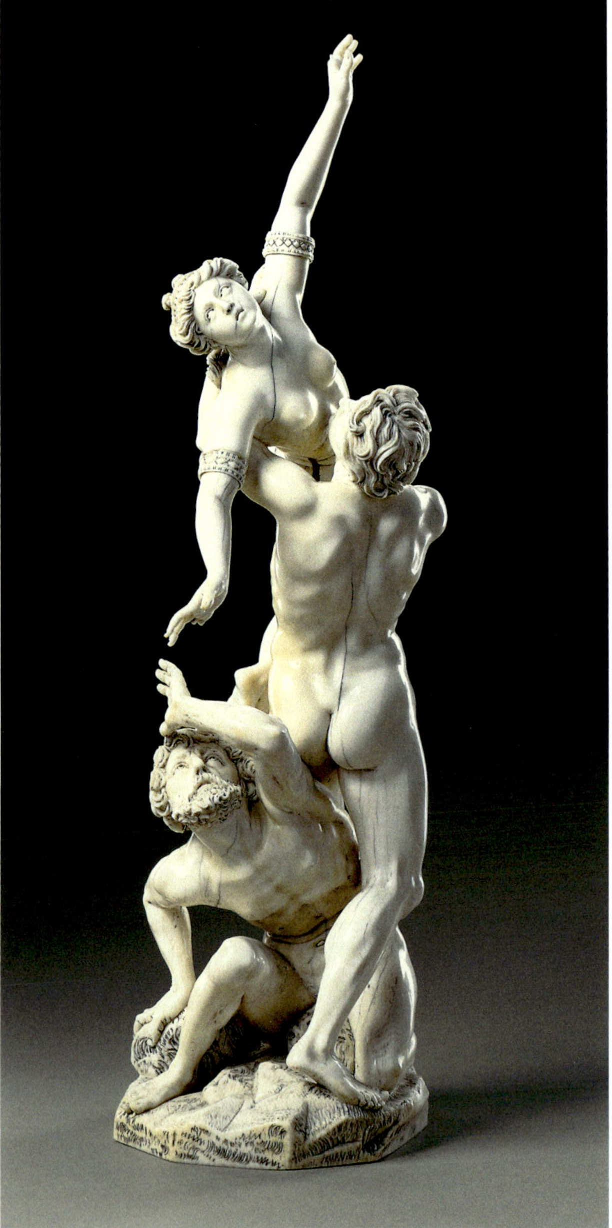

4] **Merkur und Amorknabe (Adam Lenckhardt, Wien, um 1650):** Dem Merkur aus Elfenbein werden von dem Amorknaben die Flügelsandalen geschnürt – er ist auf dem Weg gen Himmel, in dessen Richtung er mit seiner rechten Hand weist.
Mercury and Cupid carved in ivory (Adam Lenckhardt, Vienna, c. 1650): The figure of Cupid is shown fastening the god's winged sandals. Mercury's right hand points heavenwards whither his journey will take him.
メルクリクスと恋の神アモル（アダム・レンクハルト作。ウィーン、1650年頃）： メルクリウス（象牙製）の羽の付いたサンダルのひもを恋の神アモルが結ぶシーン。メルクリウスは右手で天の方向を指し示している。

5] **Raub der Sabinerin:** Der viele Jahre in Venedig tätige Melchior Barthel schuf diese Elfenbeingruppe um 1670.
Rape of the Sabines: Melchior Barthel, who was active in Venice for many years, created this ivory group around 1670.
サビニ人の誘拐： ヴェネチアで長年にわたり活躍したメルヒオル・バーテルが1670年頃に制作した一連の象牙彫像。

6] **Tischuhr mit Kamel und Mohren:** Das Zifferblatt der mit farbenprächtigem Edelsteindekor überzogenen Tischuhr ruht auf dem Rücken des Kamels. Die Goldschmiedearbeit schuf Hans Jakob Mair in Augsburg um 1674.
Table clock with camel and moor: The face of this splendid and colourful table clock with its gemstone ornamentation rests on the back of the camel. The goldsmith's work was executed by Hans Jakob Mair in Augsburg around 1674.
卓上時計（ラクダとムーア人）： 色鮮やかな宝石で装飾された卓上時計の文字盤は、ラクダの背に載せられている。金細工はハンス・ヤコブが1674年頃にアウグスブルクで制作。

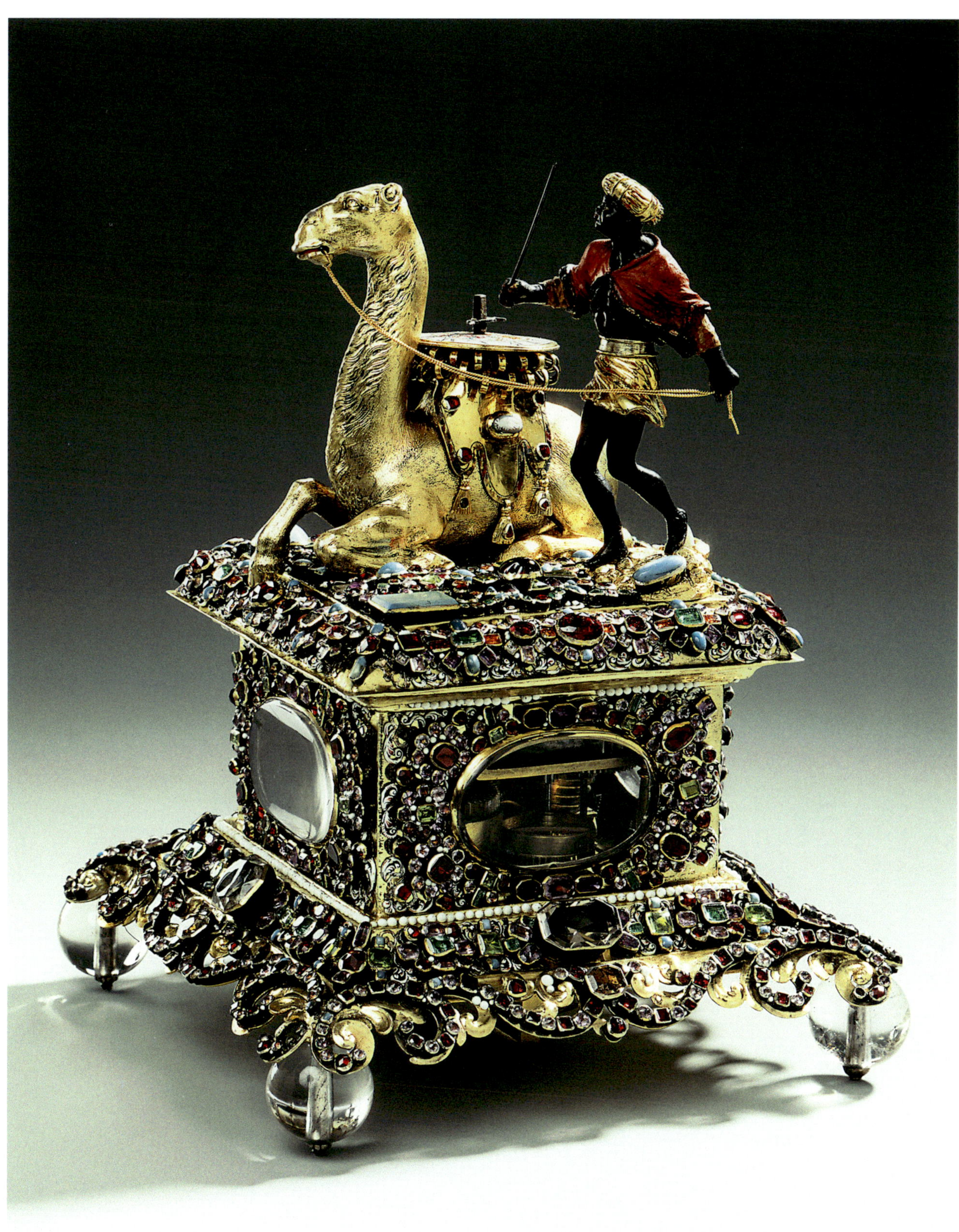

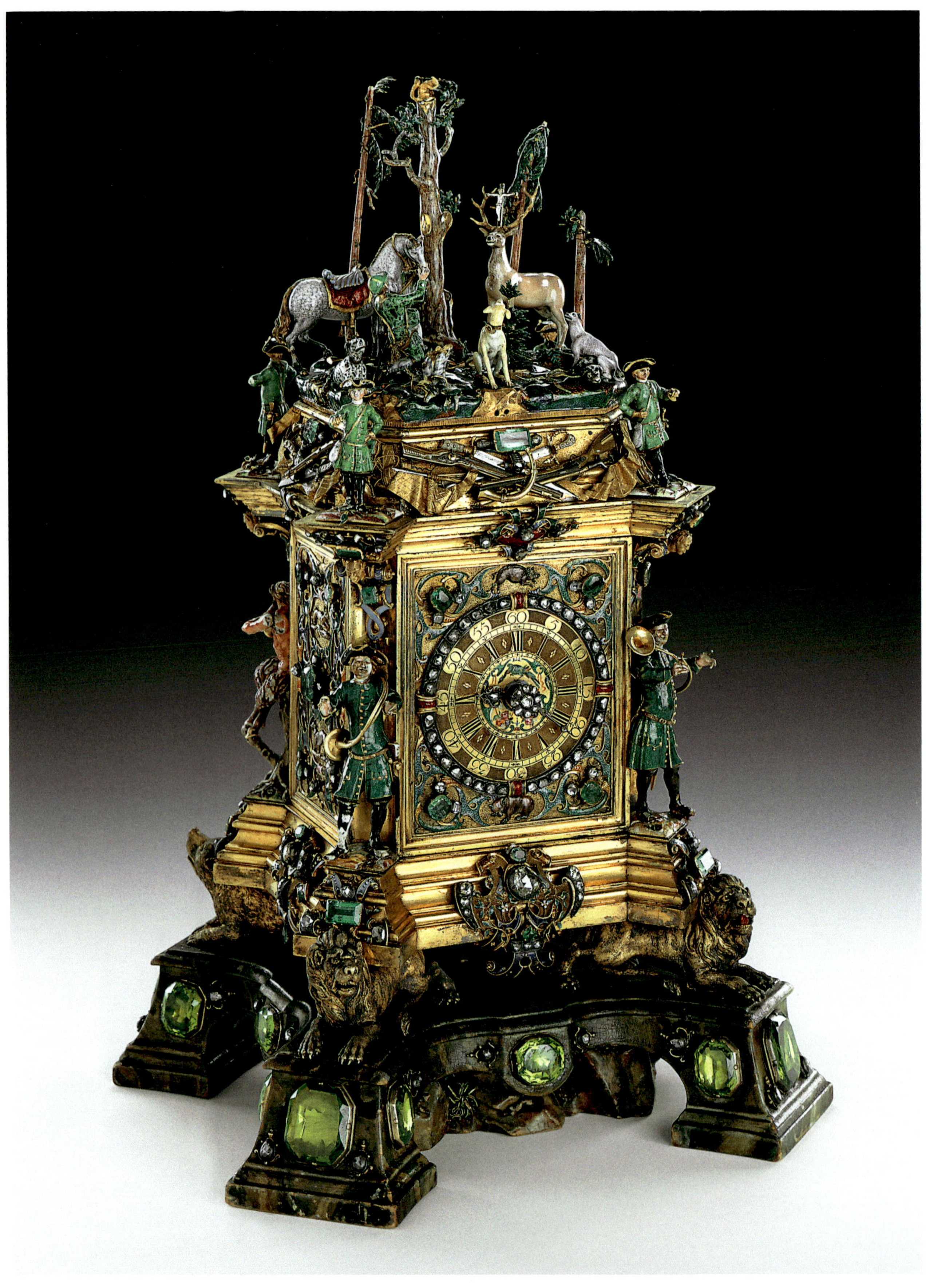

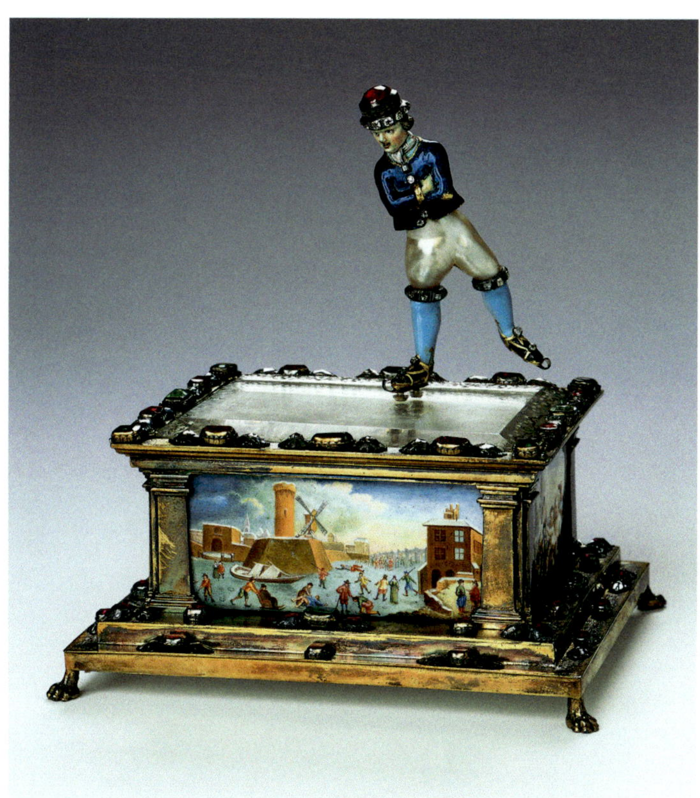

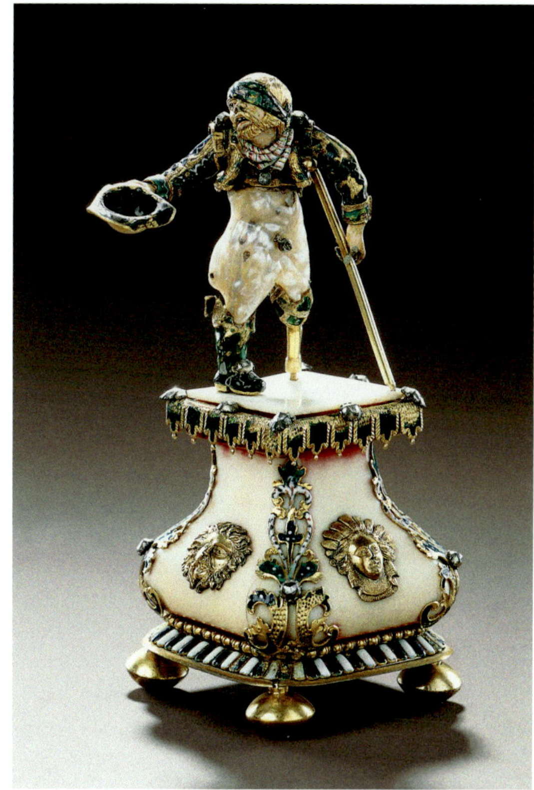

1] **Tischuhr mit der Legende des heiligen Hubertus:** Unter August dem Starken ist in Dresden eine kurze Blütezeit prunkvoller Uhrengehäuse aus vergoldetem Silber und Edelsteinbesatz zu beobachten. Hier schildert der Goldschmied Johann Heinrich Köhler um 1710 die Legende, nach der Hubertus das Jagdverbot am Feiertag überging und durch das Erscheinen eines Hirsches mit einem Kreuz zwischen den Geweihstangen bekehrt wurde.
Table clock with the legend of St. Hubert: Under Augustus the Strong Dresden saw a brief heyday in the production of magnificent clock cases in silver-gilt set with gemstones. Here the goldsmith Johann Heinrich Köhler represents the legend of Hubert who ignored the hunting ban on a holy day, but was converted when a stag with a crucifix between the branches of its antlers appeared (c. 1710).
聖フベルトゥス伝説の卓上時計: アウグスト強王支配のもと、ドレスデンでは金メッキシルバーや宝石をはめ込んだ豪華な時計ケースの文化が短期間、盛んであったことが覗われる。金細工師ヨハン・ハインリッヒ・ケーラーが1710年頃に制作したもので、鹿角の中央に十字架像を掲げた一頭の鹿の姿により、祭日の狩りの禁止を破ったフベルトゥスが、改めてキリスト教に回心した伝説が語られている。

2] **Schlittschuh laufender Holländer:** Unregelmäßig gewachsene »Barockperlen« sind die Grundlage für die kleinen Statuetten aus Gold, Email und Edelsteinen vom Anfang des 18. Jahrhunderts, von denen das Grüne Gewölbe mit 57 Stücken den weltweit größten Bestand hat.
Ice-skating Dutchman: Irregularly shaped »barocco« pearls form the basis of the small statuettes in gold, enamel and gemstones from the beginning of the 18th century of which the Grünes Gewölbe has 57 examples, the largest collection worldwide.
スケート靴ですべるオランダ人: 不規則な形に育った「バロックパール」は、18世紀初頭の金やエナメル、宝石類の小さな像にはかかせない基本素材であった。「緑の丸天井」はこうした彫像を57体所有し、世界でも最大のコレクションとなっている。

3] **Einäugiger Bettler auf Stelzfuß (Jean Louis Girardet, Berlin vor 1725):** Der 10 cm große Bettler, dessen Körper fast aus einer einzigen Barockperle besteht, ist ein ehemaliger Soldat – das verraten die an eine Uniform erinnernde Jacke und der Tornister.
One-eyed beggar with a wooden leg (Jean Louis Girardet, Berlin before 1725): The 10 cm high beggar, whose body almost entirely consists of a single barocco pearl, is a former soldier – indicated by his jacket reminiscent of a uniform and his satchel.
義足をはいた片眼の乞食（ジャン・ルイ・ジラルド、ベルリン、1725年以前）: 体の部分がほとんど一個のバロックパールから成るこの10 cmの乞食像は、ユニフォームのようなジャケットと背嚢から、かつての兵隊とわかる。

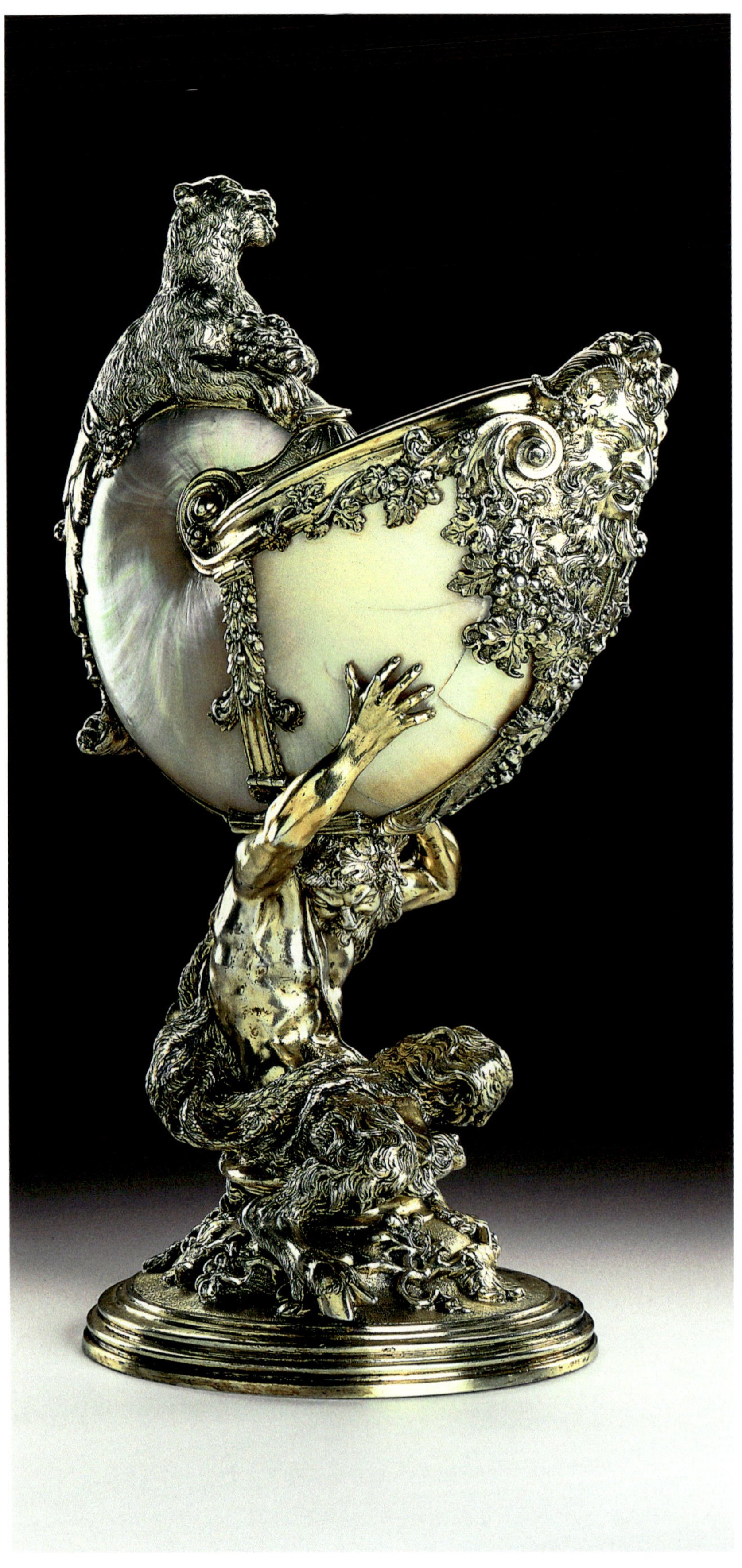

4] **Nautiluspokal mit Satyrschaft:**
Der namhafte sächsische Hofbildhauer
Balthasar Permoser entwarf den Prunk-
pokal mit dem Satyr, der mühevoll das
Perlboot auf seinem Nacken stützt. Die
Goldschmiedearbeit führte Bernhard
Quippe um 1707 aus.
Nautilus cup with a satyr as support:
The famous Saxon court sculptor
Balthasar Permoser designed the parade
cup with the satyr who summons up
all his strength to support the pearly
ship on the back of his neck. Bernhard
Quippe executed the goldsmith work
around 1707.
サトュロスが支えるオウムガイの杯: 有
名なザクセンの宮廷彫刻家バルタザー
ル・ペルモーザーが創案した豪華杯。
サトュロスが力を込めて真珠の船を背負
っている。金細工は1707年頃のベルン
ハート・クイッペによるもの。

5] **Nautiluspokal mit Korallenzinken:**
Die Schalen des Nautilus pomilius,
einer im Südpazifik vorkommenden,
urtümlichen Tintenfischart, wurden
von Goldschmieden vor allem in den
Jahrzehnten um 1600 zu eleganten
Prunkpokalen gefasst. Johann Heinrich
Köhler vereinte 1724 die Nautilusschale
mit der Fußgruppe.
Nautilus cup with a coral branch:
Goldsmiths mounted the shells of the
nautilus pomilius, a primitive species of
octopus occurring in the South Pacific,
to form elegant parade cups especially
in the decades around 1600. In 1724
Johann Heinrich Köhler combined the
nautilus cup with the group that now
forms the foot.
珊瑚の枝を持つオウムガイの杯: 自然の
ままのイカ墨色が特徴的な南太平洋産オ
ウムガイの殻に1600年頃、数十年にわ
たってエレガントな金細工が施された豪
華杯。ヨハン・ハインリッヒ・ケーラー
が1724年にこのオウムガイの殻を支え
る足の装飾を加えた。

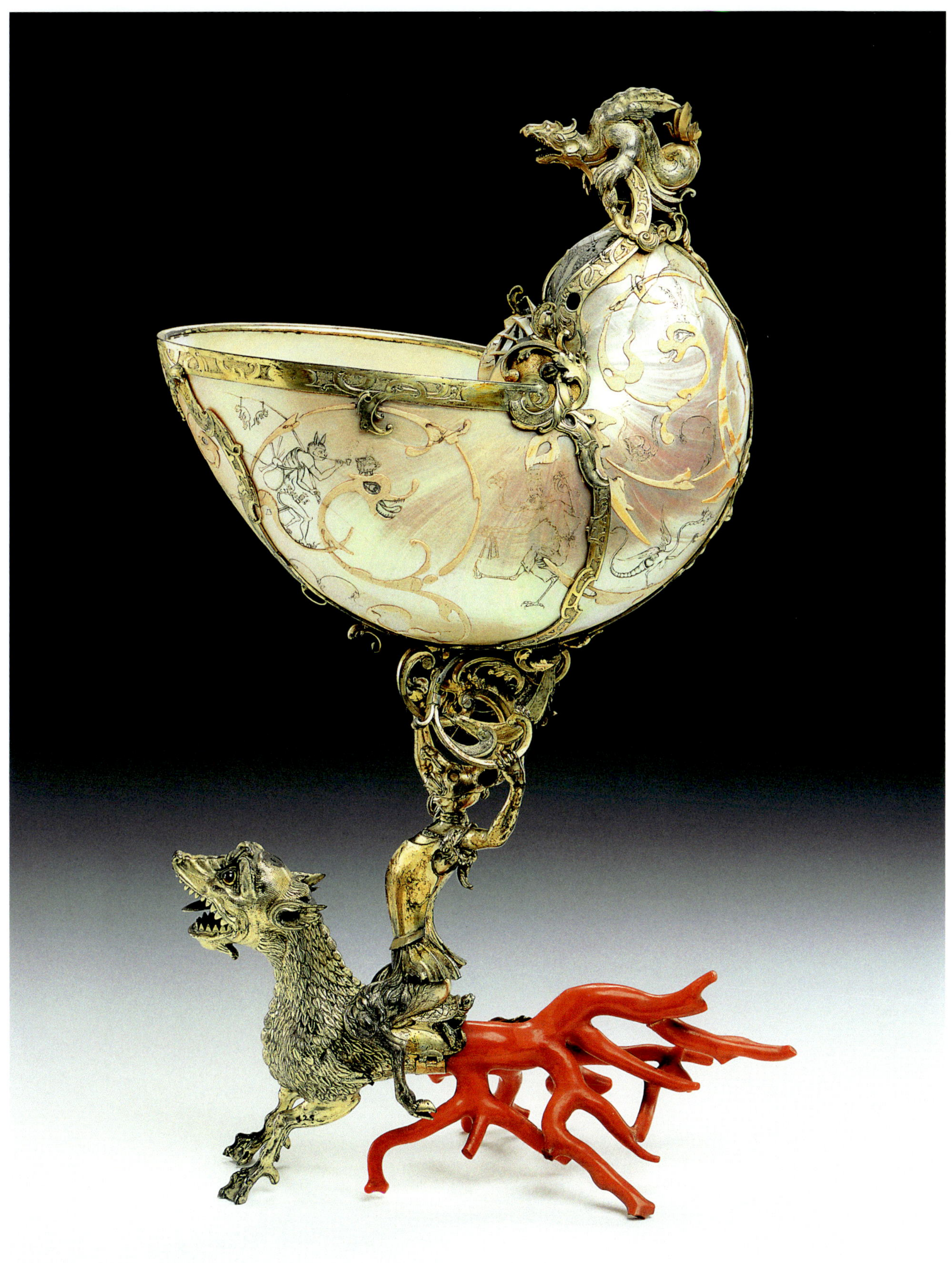

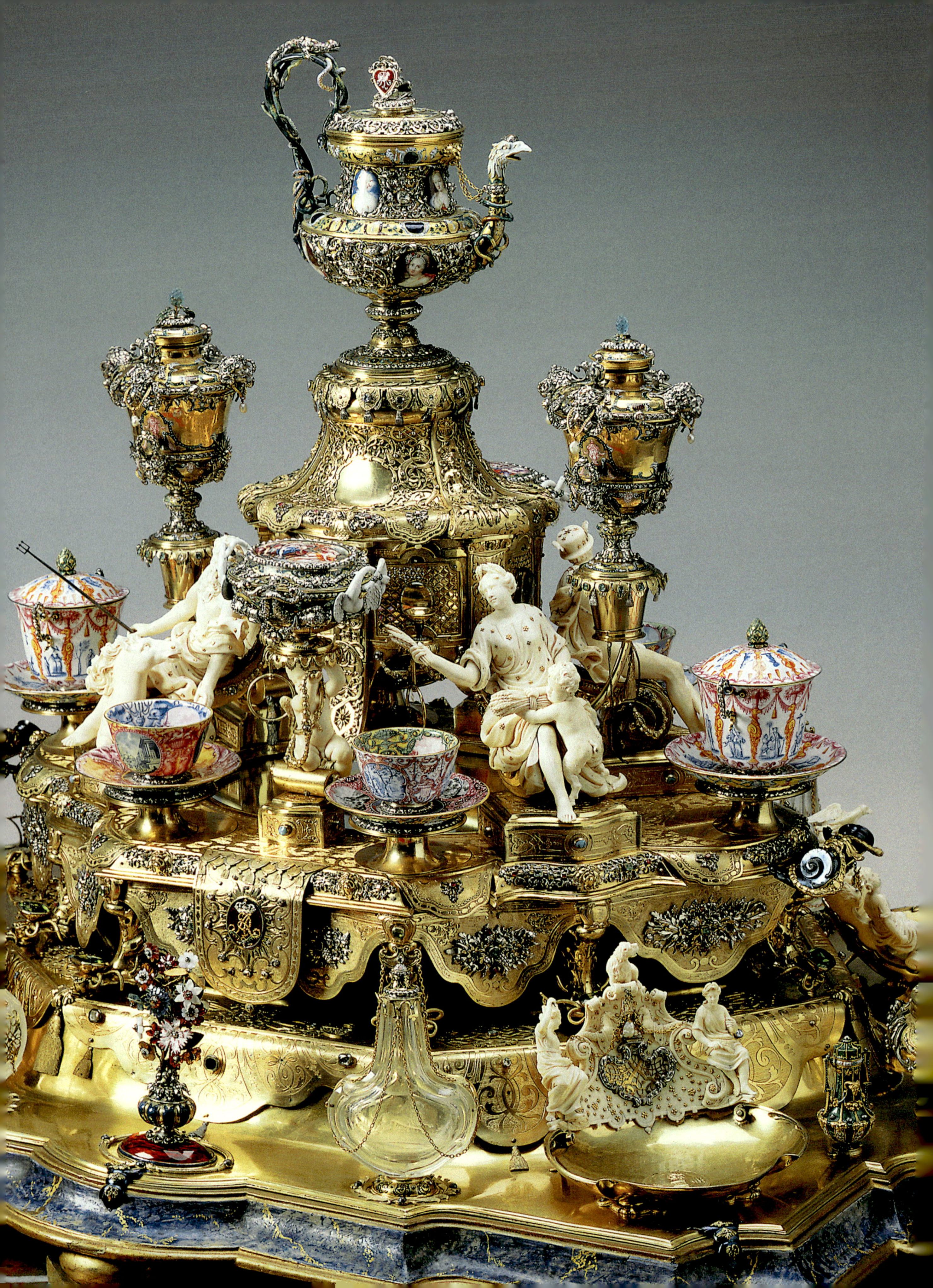

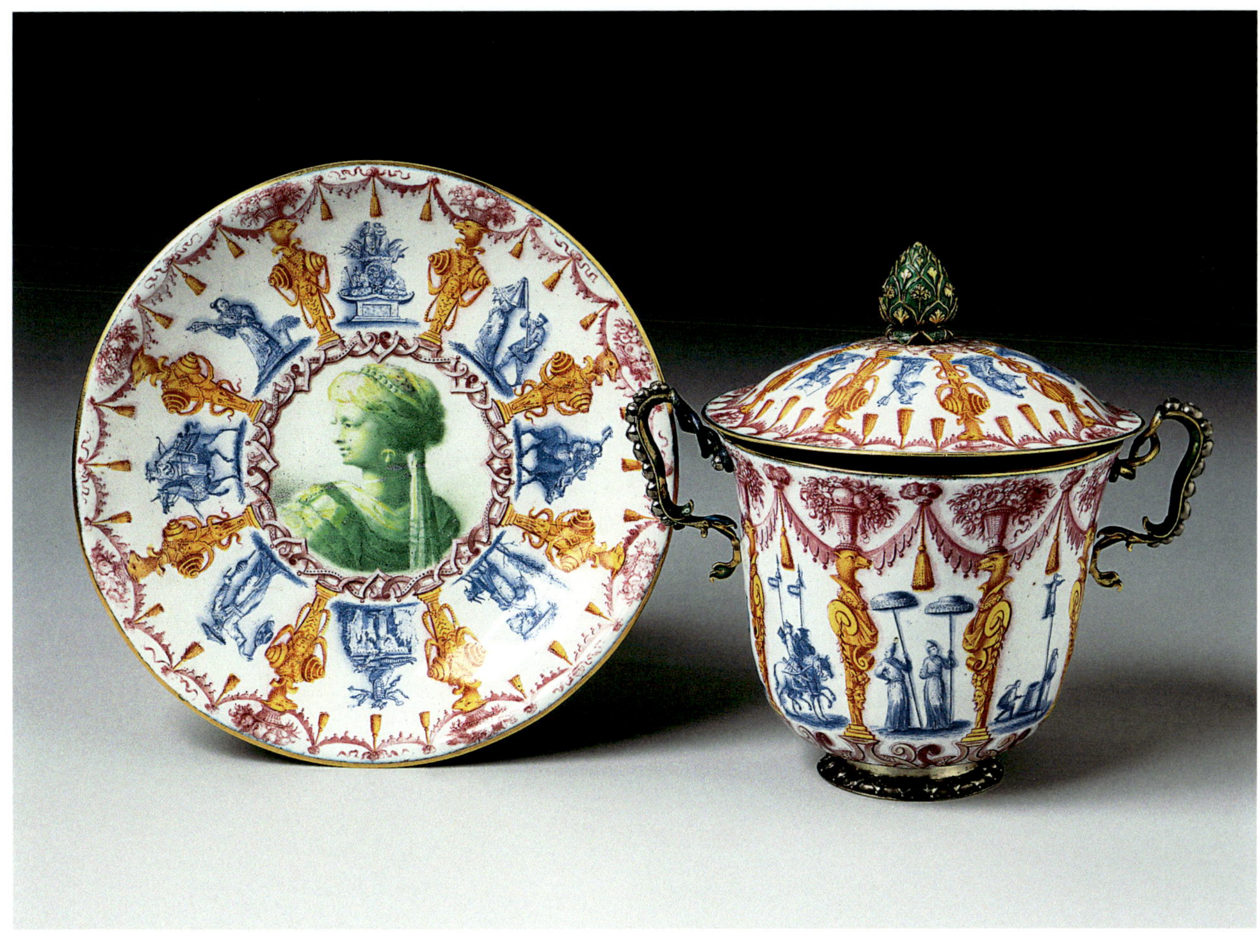

1] **Das Goldene Kaffeezeug:** Gut ein Jahrzehnt vor Erfindung des europäischen Porzellans, 1697, begann Johann Melchior Dinglinger dieses überaus kostbare Werk der Schatzkunst, das damals wie heute seinesgleichen sucht. Das 45-teilige Service besteht aus Silber, Gold und Email mit 5.600 Diamanten. Die Emailmalerei stammt von Georg Friedrich Dinglinger, die Elfenbeinskulpturen fertigte Paul Heermann. Sie stellen die antiken Gottheiten Neptun, Ceres, Merkur und Minerva dar.

The golden coffee set: In 1697, a good decade before the invention of European porcelain, Johann Melchior Dinglinger began work on this extremely precious and incomparable Schatzkunst object. The 45-piece service consists of silver, gold and enamel with 5,600 diamonds. The enamelling is by Georg Friedrich Dinglinger and the ivory sculptures by Paul Heermann. They represent the classical divinities Neptune, Ceres, Mercury and Minerva.

黄金のコーヒーセット: ヨーロッパ陶磁器発明の十年ほど前の1697年、ヨハン・メルヒオル・ディングリンガーがこの高価な芸術品の創作を開始した。この作品は、当時のみならず今日でも他に類を見ない傑作品である。45種の容器類から成るこのコーヒーセットは銀や金、エナメルで出来ており、5,600個のダイヤモンドが散りばめられている。このエナメル絵画はゲオルク・フリードリッヒ・ディングリンガー作で、象牙の彫像はパウル・ヘルマンが完成させたものである。ここには、古代の神ネプチューン、セレス、メルクリウス、ミネルヴァが表現されている。

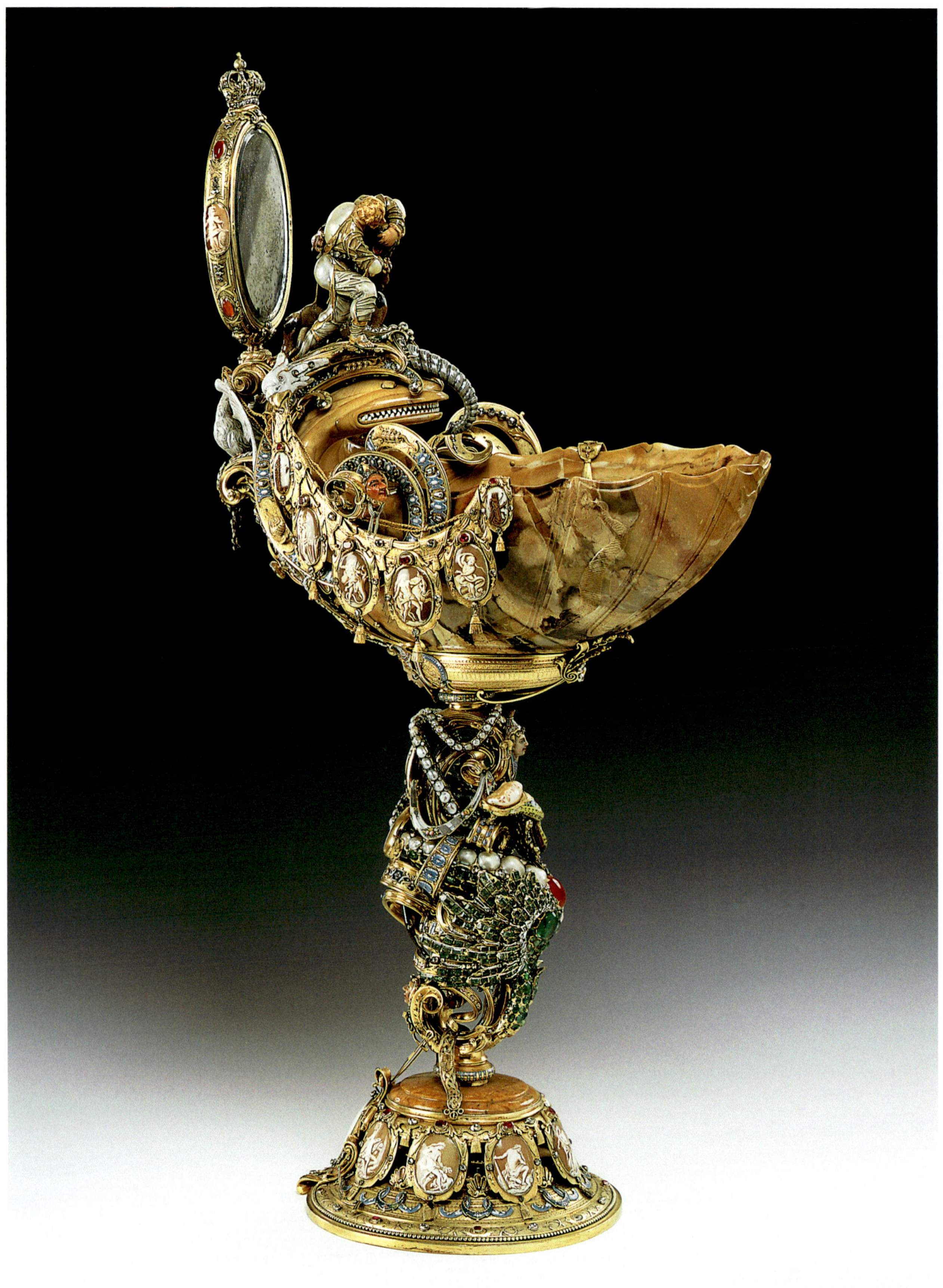

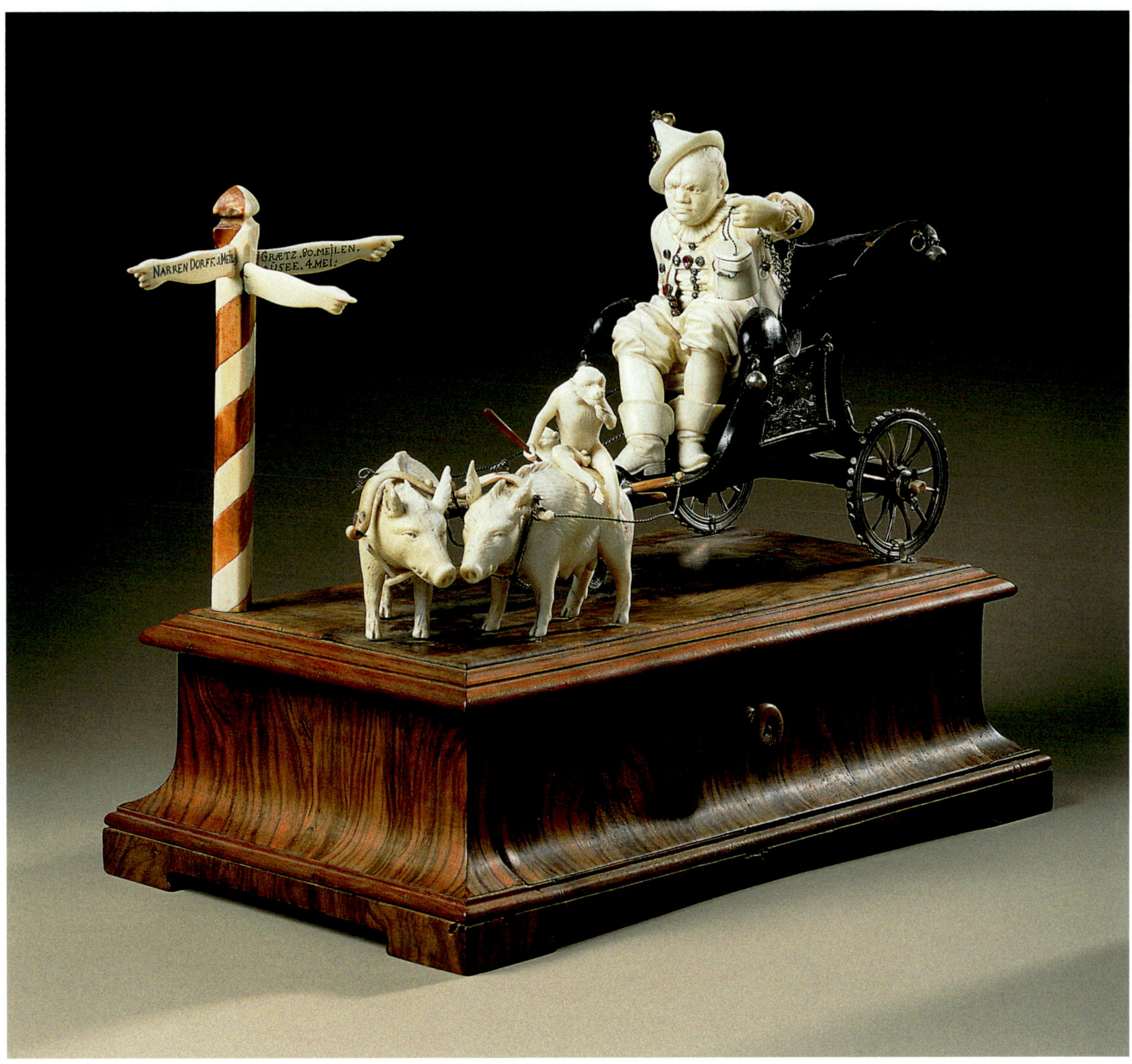

2] **Prunkschale mit dem kämpfenden Herkules:** Mit Johann Melchior Dinglinger war August dem Starken ein genialer Goldschmied zu Diensten, der zu den größten Künstlern seines Metiers in der europäischen Kunstgeschichte gehört. Dinglinger arbeitete an dieser Schale wohl mehr als zwei Jahrzehnte, von 1708 bis 31.
Parade bowl with Hercules fighting: In Johann Melchior Dinglinger Augustus the Strong had a goldsmith of genius in his service, who was among the greatest exponents of his craft in the history of European art. Dinglinger seemingly worked on this bowl for over two decades from 1708 to 31.
闘うヘラクレスの豪華な鉢：アウグスト強王のもと、天才的な金細工で活躍したヨハン・メルヒオル・ディングリンガーは、その傑作品の数々でヨーロッパ芸術史に名を残す巨匠の一人に名を連ねている。ディングリンガーは、1708年から1731年にかけて20年以上の歳月をこの鉢の制作に費やした。

3] **Hofnarr Joseph Fröhlich mit dem Schweinegespann:** Der Dresdner Hoftaschenspieler sitzt hier in einem Wagen aus Ebenholz und hält eine Überraschung parat: öffnet man eine der beiden seitlichen Türen, sieht man, dass der Narr mit heruntergelassener Hose im Wagen sitzt. Das Kästchen aus Nussbaumholz war für Schreibutensilien gedacht.
Court jester Joseph Fröhlich with a carriage drawn by a pair of pigs: The Dresden court conjuror and jester is portrayed driving an ebony carriage to which there is more than meets the eye. When one of the side doors is opened, the jester is revealed with his trousers down. The small walnut casket was intended for writing utensils.
宮廷道化人ヨゼフ・フリョーリッヒと豚：ドレスデン宮廷の奇術師が黒檀材の荷車に座っている。脇の扉を開けると、この道化人がズボンを下に降ろした状態で車に座っていることがわかる。クルミの木で出来た小ケースは筆記具用に考えられたものである。

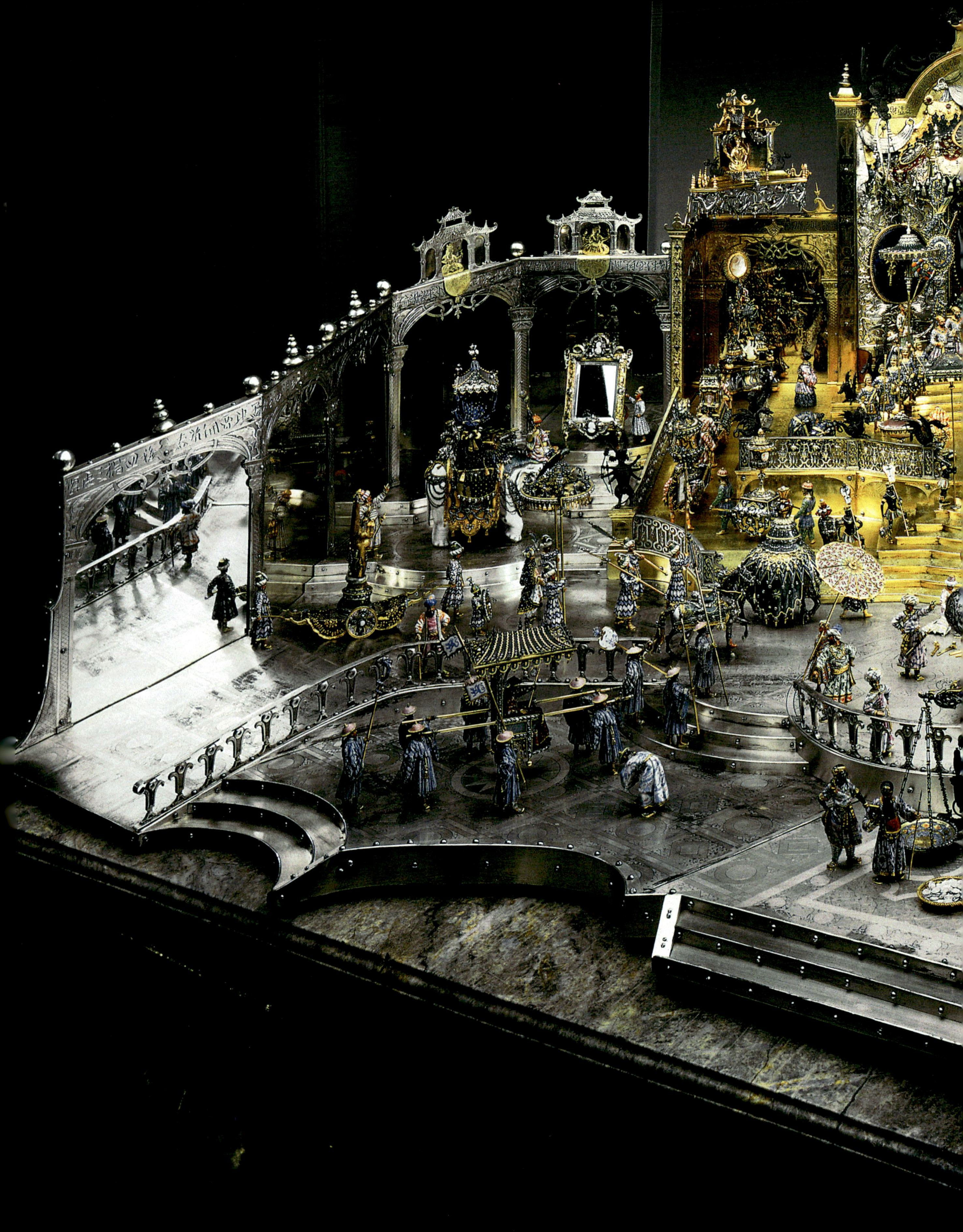

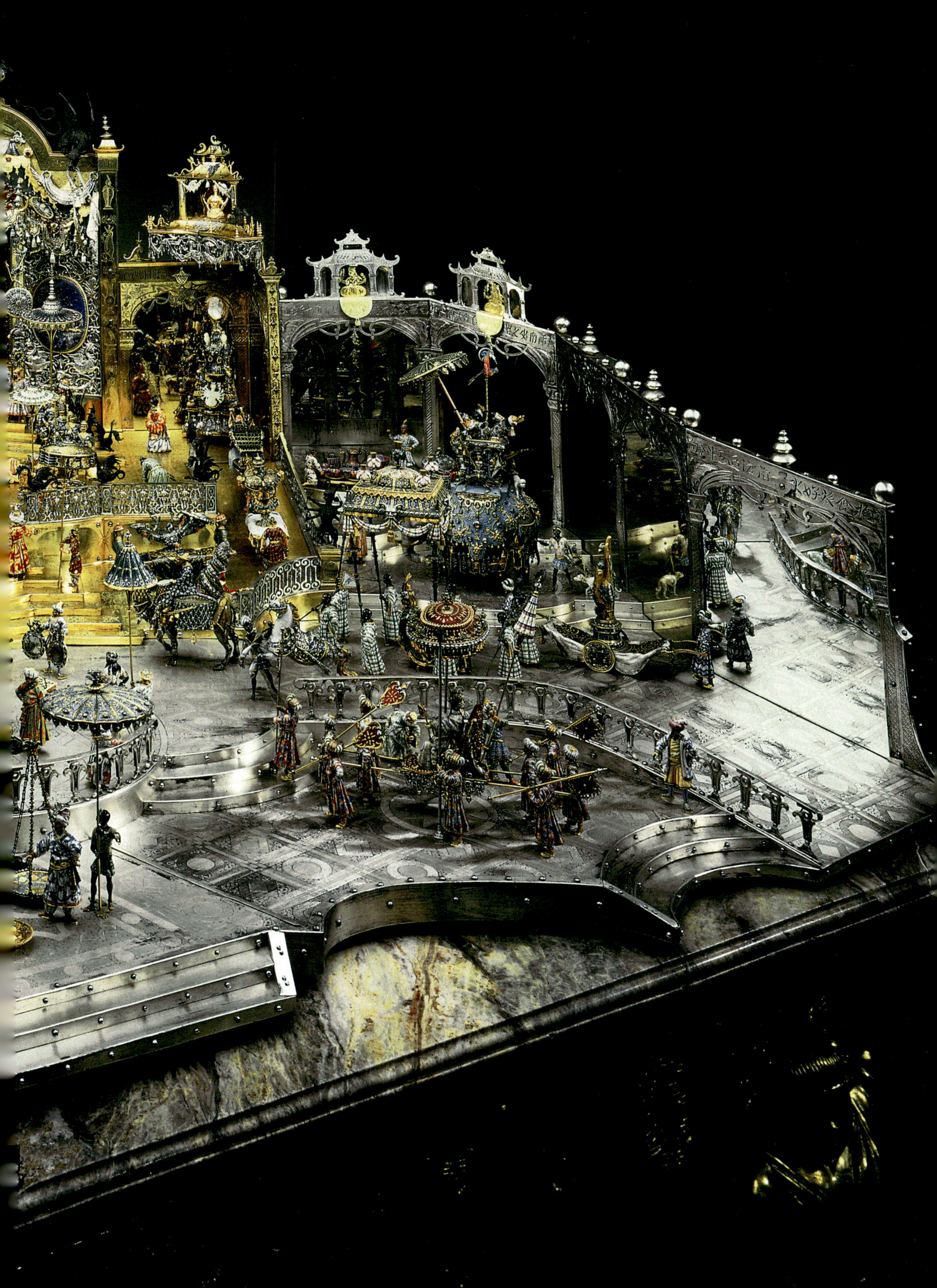

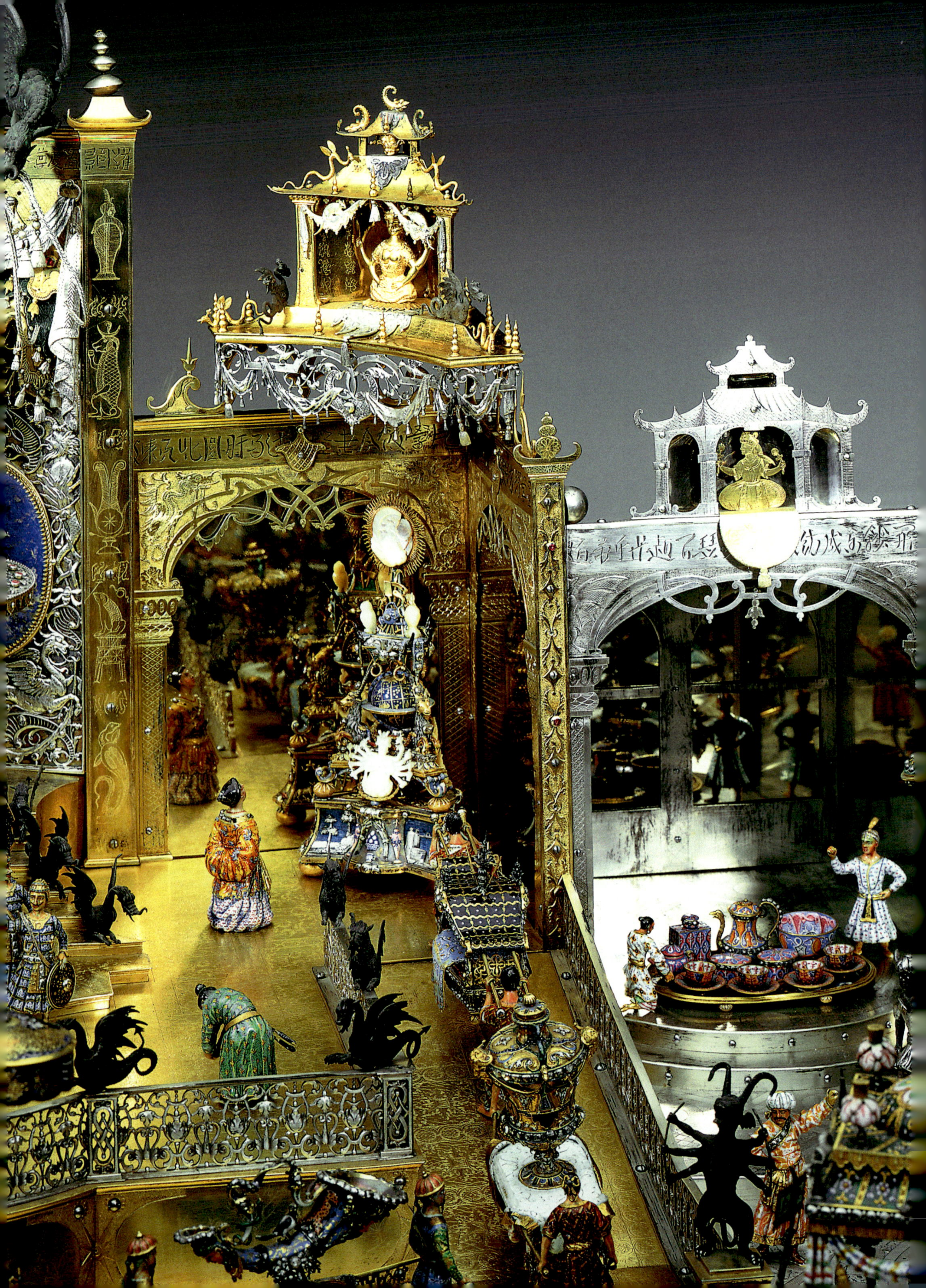

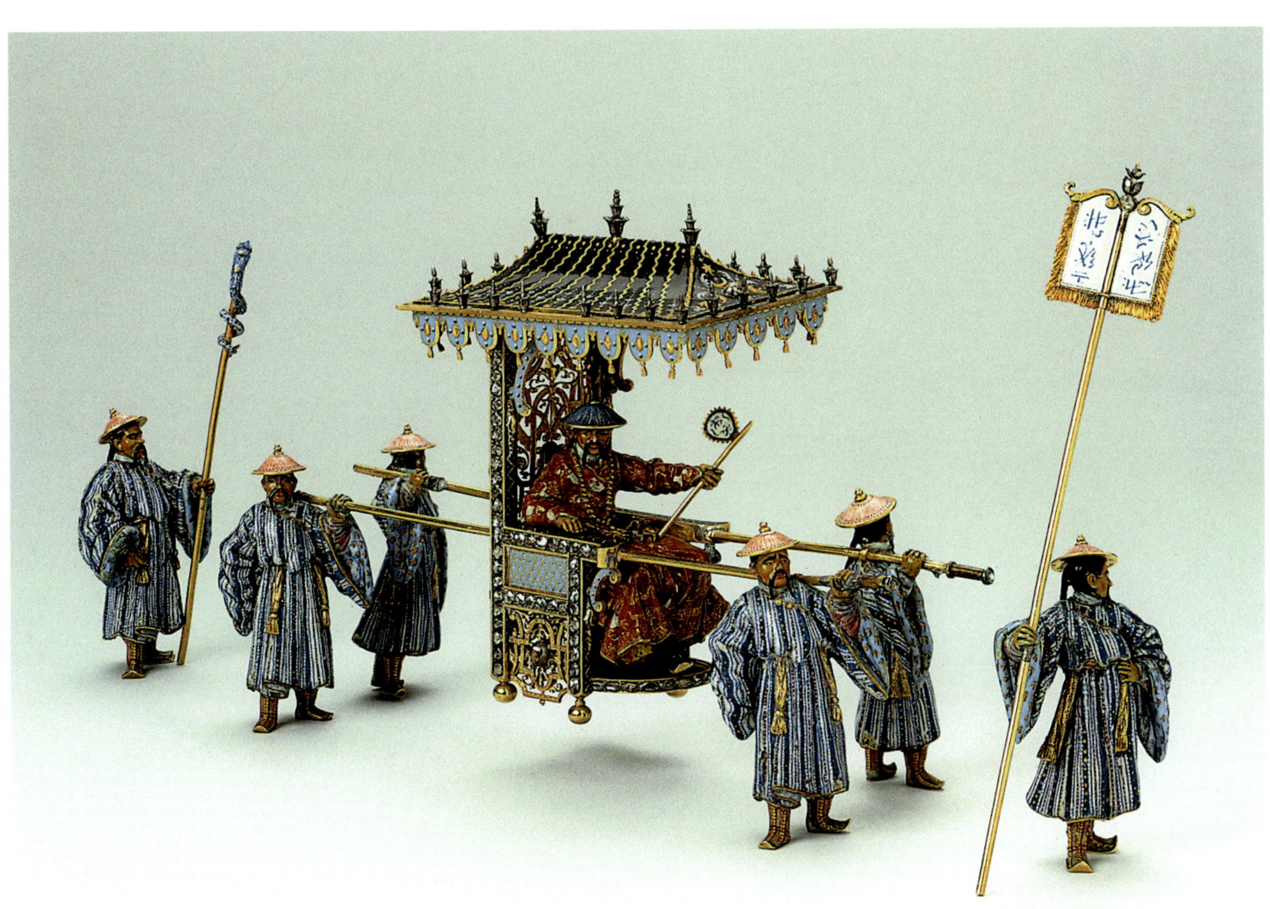

4] **Der Thron des Großmoguls Aureng-Zeb:** Der dargestellte Aureng-Zeb war ein berühmter Zeitgenosse Augusts des Starken und regierte über den gesamten indischen Subkontinent. Johann Melchior Dinglinger, seine Brüder Georg Christoph und Georg Friedrich und zahlreiche Helfer arbeiteten von 1701 bis 08 daran, aus Gold, Silber und unzähligen Edelsteinen – allein 5.223 Diamanten – den Geburtstag des Großmoguls in Szene zu setzen und das erste umfangreiche Zeugnis deutscher Chinoiserie zu schaffen. Es ist der grandiose Höhepunkt des Neuen Grünen Gewölbes.

Throne of the Grand Mogul Aurangzeb: Aurangzeb, who is represented in this work, was a famous contemporary of Augustus the Strong and reigned over the entire Indian subcontinent. Johann Melchior Dinglinger, his brothers Georg Christoph and Georg Friedrich, and numerous assistants worked on this parade piece from 1701 to 08. They used gold, silver and countless precious stones – among them 5,223 diamonds – to create a mis-en-scène of the Grand Mogul's birthday. This work is the first large-scale chinoiserie object from Germany and the stunning highlight of the New Grünes Gewölbe.

ムガール皇帝アウラングゼーブのデリー宮殿: アウラングゼーブは、アウグスト強王の時代にインド亜大陸全土を支配していた有名な皇帝。ヨハン・メルヒオル・ディングリンガーとその兄弟、ゲオルク・クリストフとゲオルク・フリードリッヒ、そして数多くの弟子達の協力により1701年から1708年にかけて創作された作品。金や銀、そしてダイヤモンドだけでも5,223個という、数え切れないほどの宝石類でムガール大帝国皇帝の誕生日のシーンを表現している。これは当時としては初のドイツ中国風装飾様式の総大作で「新しい緑の丸天井」の最高峰ともいえる作品である。

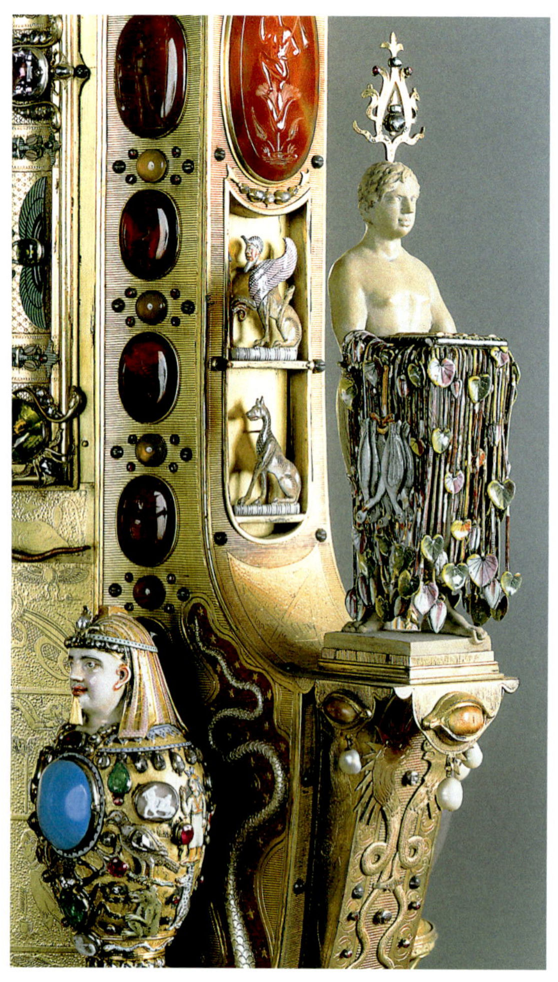 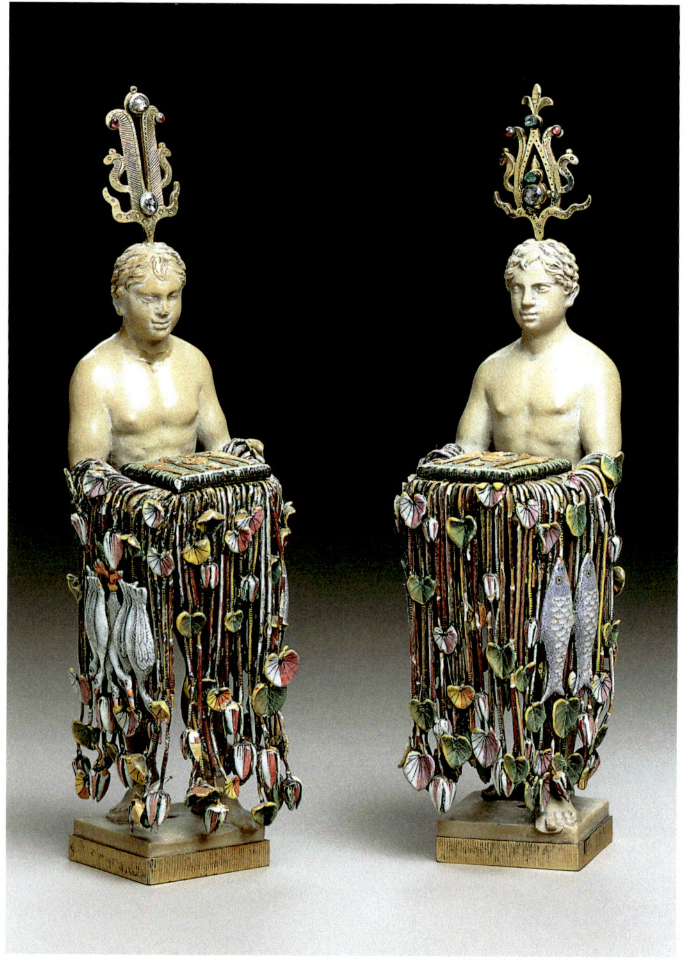

5] **Apis-Altar:** Der fast zwei Meter hohe Apis-Altar, das letzte Werk von Melchior Dinglinger (datiert 1729 und 31), ist ein prächtiges Beispiel für die Vorstellung des frühen 18. Jahrhunderts von der altägyptischen Götterwelt der Pharaonen.
Apis-Altar: This last work by Melchior Dinglinger, the Apis-Altar, is almost 2 metres high. The altar is dated 1729 and 31 and is an excellent example of the early 18th century view of the ancient Egyptian religion of the Pharaohs.
アピス祭壇: 約二メートルの高さのアピス祭壇はメルヒオル・ディングリンガーの最後の作品（1729–31年）で、18世紀初頭における、古代エジプトのファラオの神々のイメージを表した華麗な一例である。

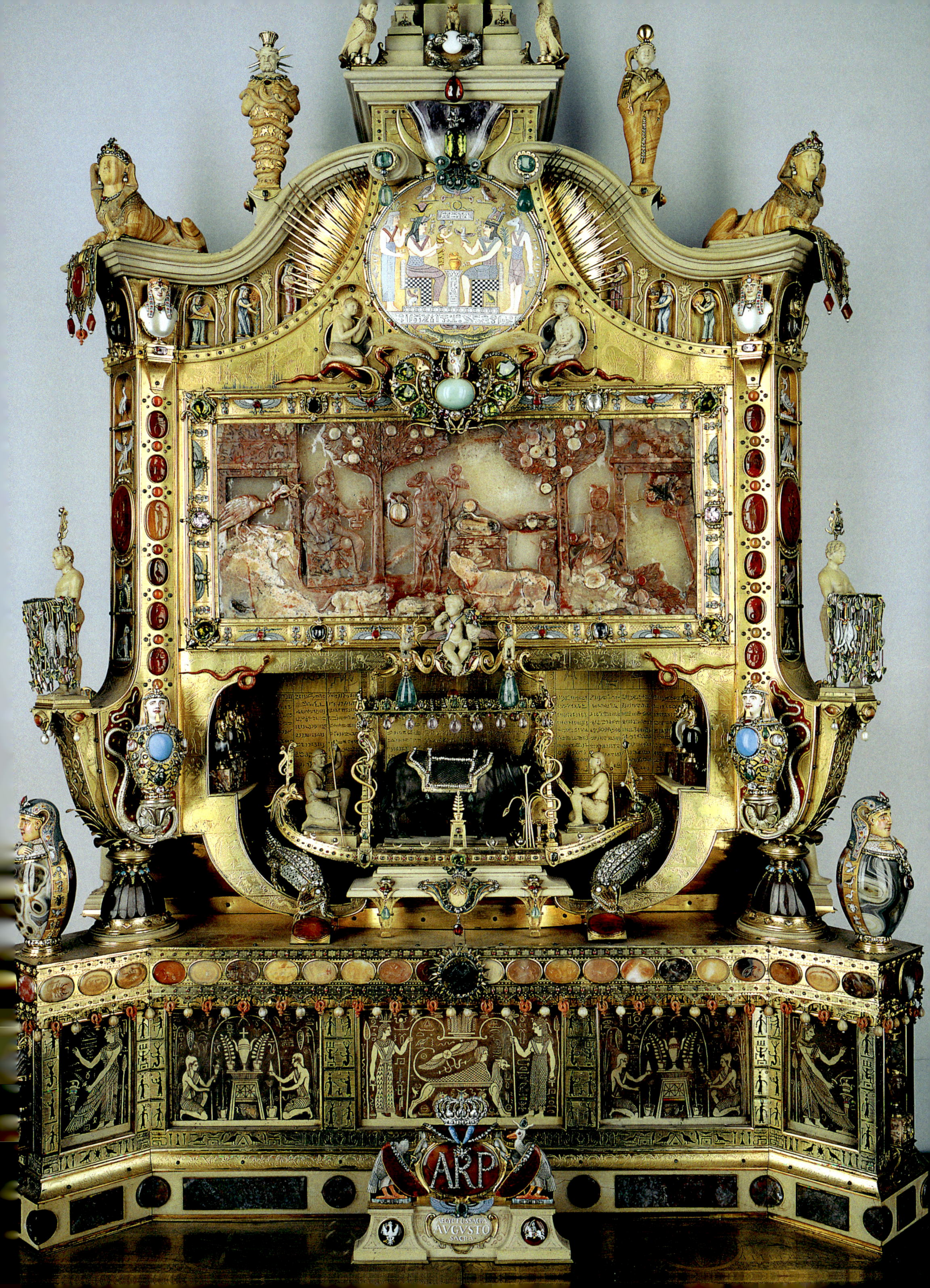

ARP
PERPETVASACRA
AVGVSTO
SACR

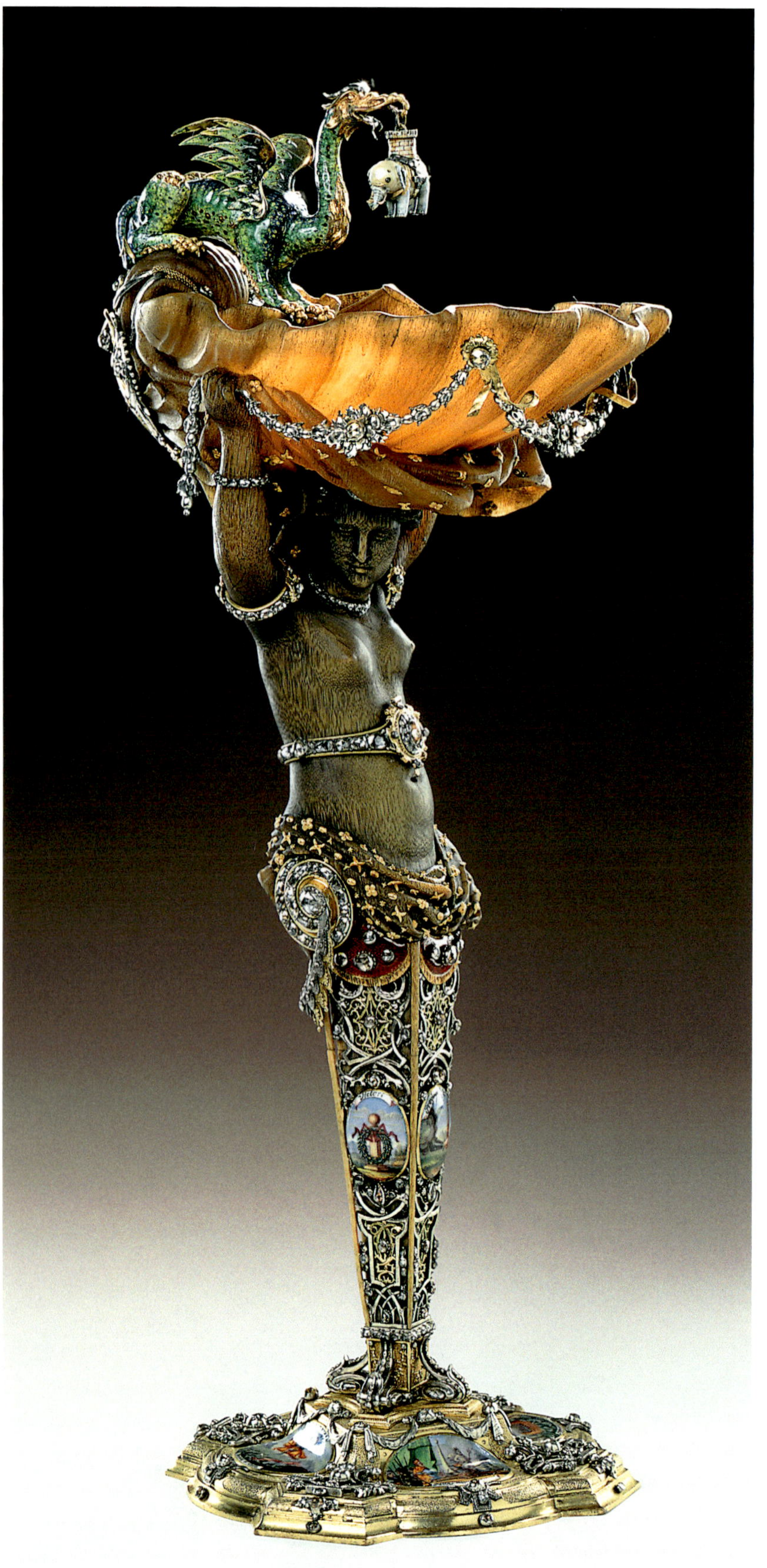

6] **Pokal mit der Mohrin:** Dieses Prunkgefäß von Johann Melchior Dinglinger ist ein virtuoses Kunststück des Spätbarock. Die Figur aus Rhinozeroshorn ist von Benjamin Thomae geschnitzt.
Cup with female blackamoor: This parade vessel by Johann Melchior Dinglinger is a magnificent example of late Baroque Schatzkunst. The figure of rhinoceros horn is carved by Benjamin Thomae.
ムーア人女性の杯: この華麗な器は、後期バロックの巨匠ヨハン・メルヒオル・ディングリンガーによる傑作芸術品の一つである。ムーア人女性の彫像はサイの角、一本のみから成り、ベンジャミン・トマエによって彫られたものである。　上品なダイヤモンドで装飾された腰巻が優美な様子を際立たせている。

7] **Das Bad der Diana (vor 1704):** Johann Melchior Dinglinger stellt eine beliebte Erzählung aus Ovids *Metamorphosen* dar: der Jäger Aktäon sieht die keusche Jagdgöttin Diana – die, von Balthasar Permoser aus Elfenbein geschnitzt, am Rand der Edelsteinschale sitzt –, wird von ihr in einen Hirschen verwandelt und von seinen eigenen Hunden zu Tode gehetzt; sein Haupt liegt am Fuß der Schale.
Diana bathing (before 1704): Johann Melchior Dinglinger's work is a representation of a popular story from the *Metamorphoses* by Ovid. The huntsman Actaeon catches a glimpse of Diana, the chaste goddess of hunting, who is represented as an ivory figurine carved by Balthasar Permoser. She sits on the rim of this magnificent parade bowl and transforms Actaeon into a stag, which is hunted down and mauled to death by his own hounds. The hunter's head can be seen on the foot of the bowl.
ダイアナの入浴（1704年以前）: ヨハン・メルヒオル・ディングリンガーが、よく読まれたオウィディウスの「変身物語」から、狩人アクタイオンが純潔な狩りの女神ダイアナを見てしまう一説を表現している。宝石の殻のふちに座っている象牙の彫像はバルタザール・ペルモーザー作。アクタイオンは、女神ダイアナにより鹿に変化させられ、自分の犬に殺されてしまう。鹿の頭は殻の足元に置かれている。

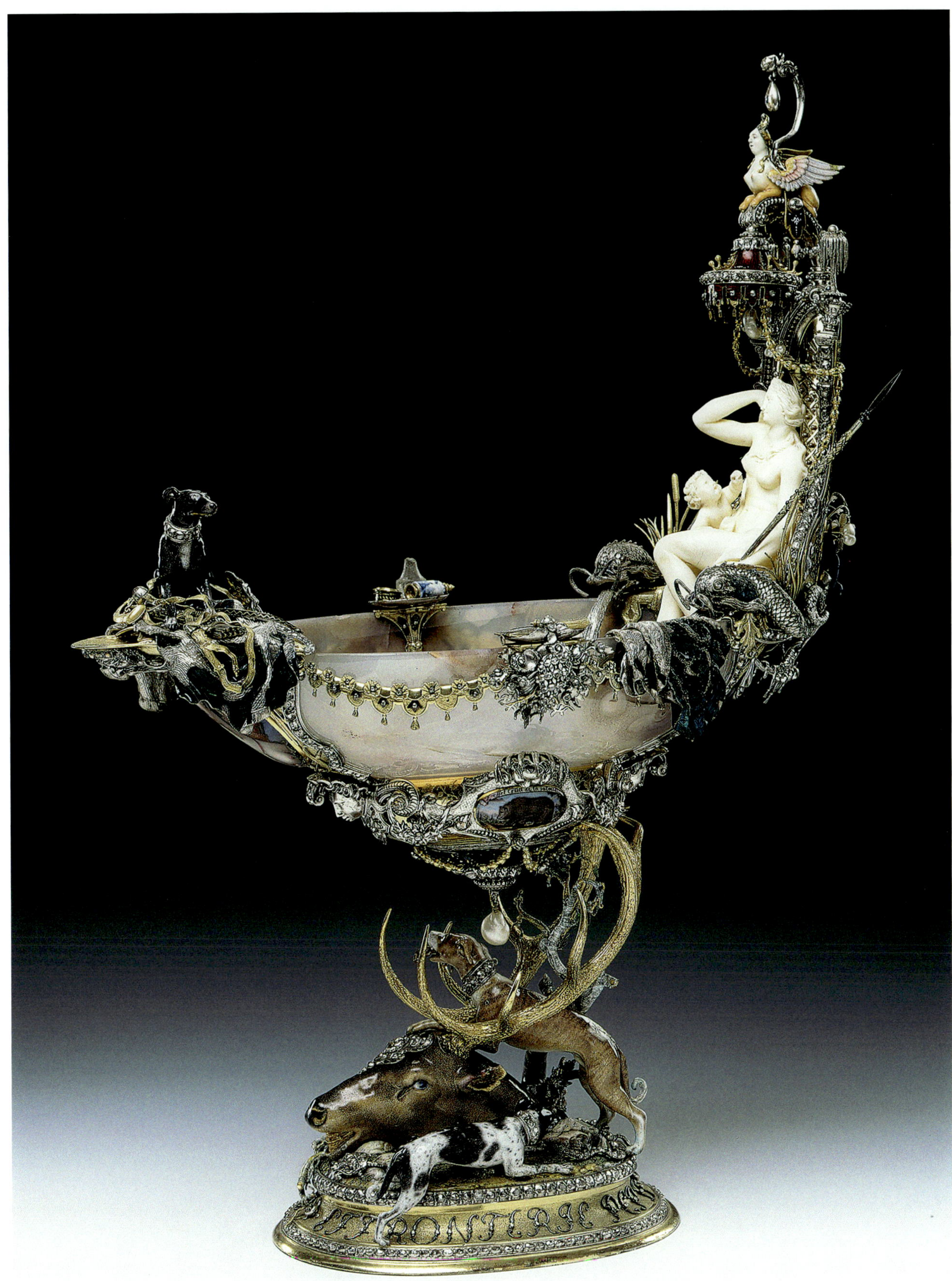

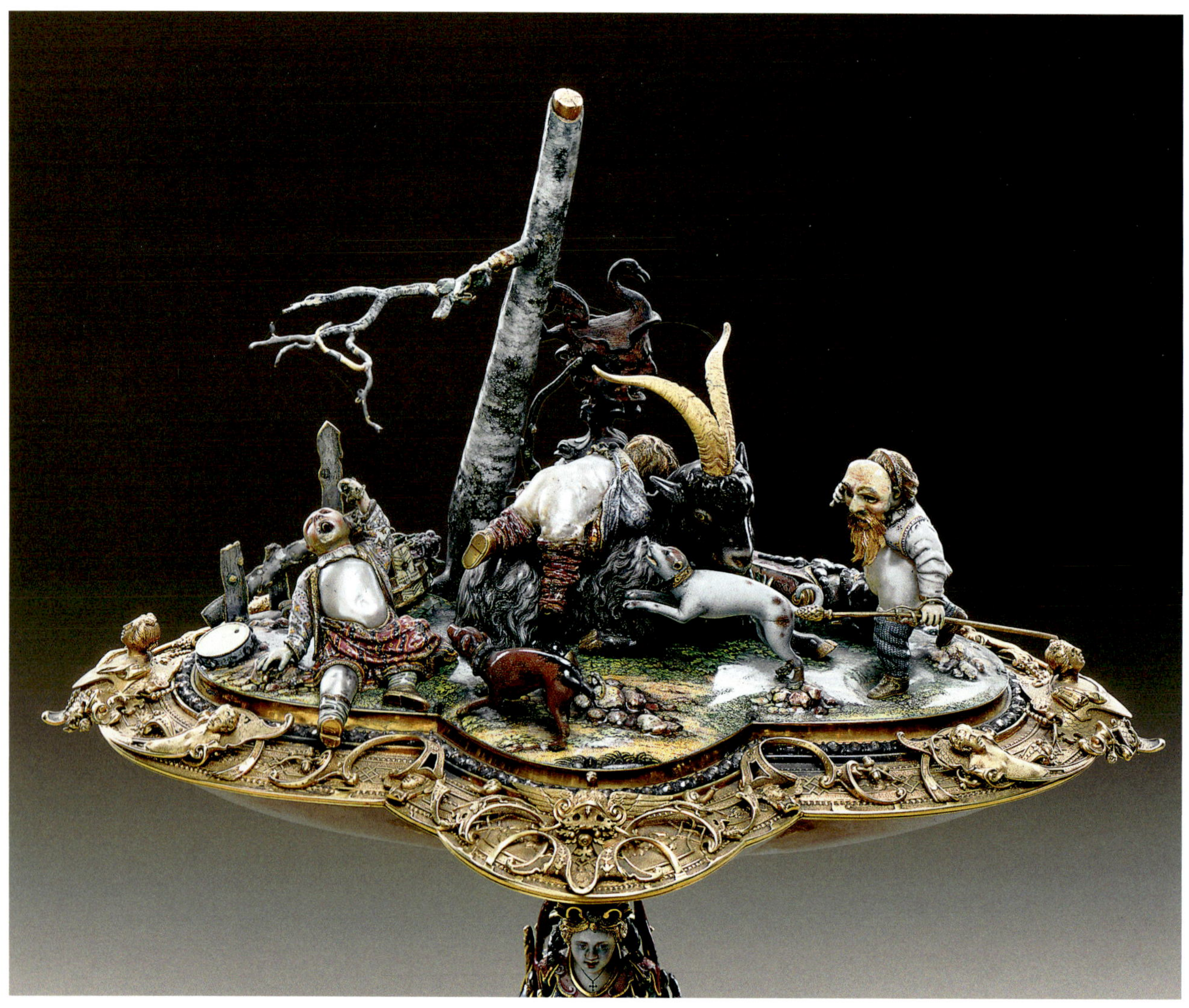

1] **Prunkschale mit dem Kinderbacchanal (Johann Melchior und Georg Friedrich Dinglinger, 1711):** Auf dem Deckel der Achatschale tollen drei kleine Jungen herum, deren Körper aus großen Perlen bestehen. Die Inschrift »SERIA NESCIT TURBA MINUTA« (Die winzige Schar kennt nichts Ernstes) ist durchaus als Mahnung zu verstehen.
Parade vessel with children's bacchanal (Johann Melchior and Georg Friedrich Dinglinger, 1711): Three small boys, whose bodies consist of large pearls, engage in boisterous play on the lid of this agate bowl. The inscription »SERIA NESCIT TURBA MINUTA« (the small group know nothing of serious matters) is to be understood as an admonition.
華麗な器「小人バッカスの酒宴」（ヨハン・メルヒオルとゲオルク・フリードリッヒ・ディングリンガー作、1711年）：八角形皿の蓋の上には三人の小人が載っている。これらの頭部は大きな真珠から出来ている。ここに書かれた銘文 »SERIA NESCIT TURBA MINUTA«（小人たちは重大な物事を知らない）は警告であるといえる。

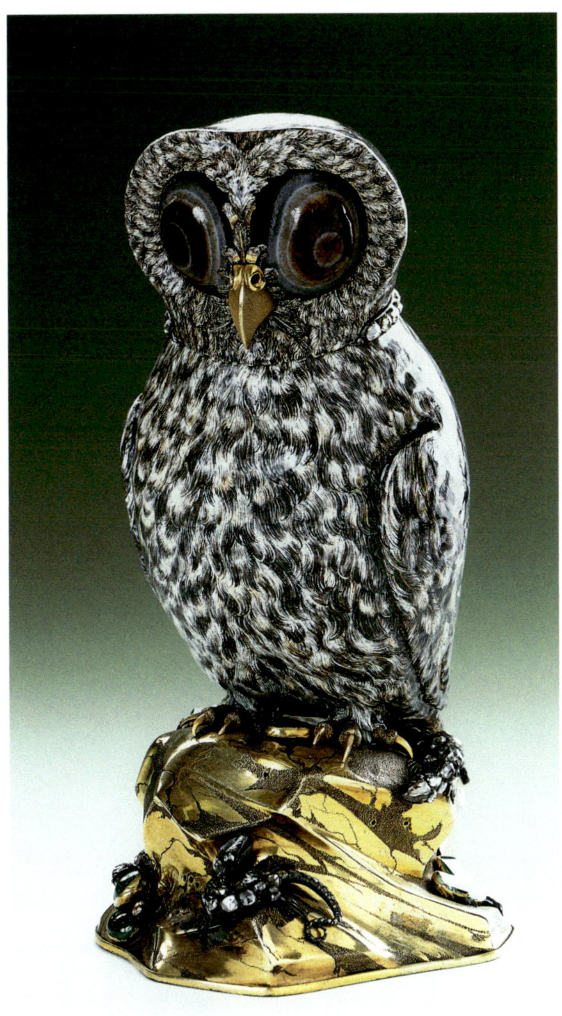 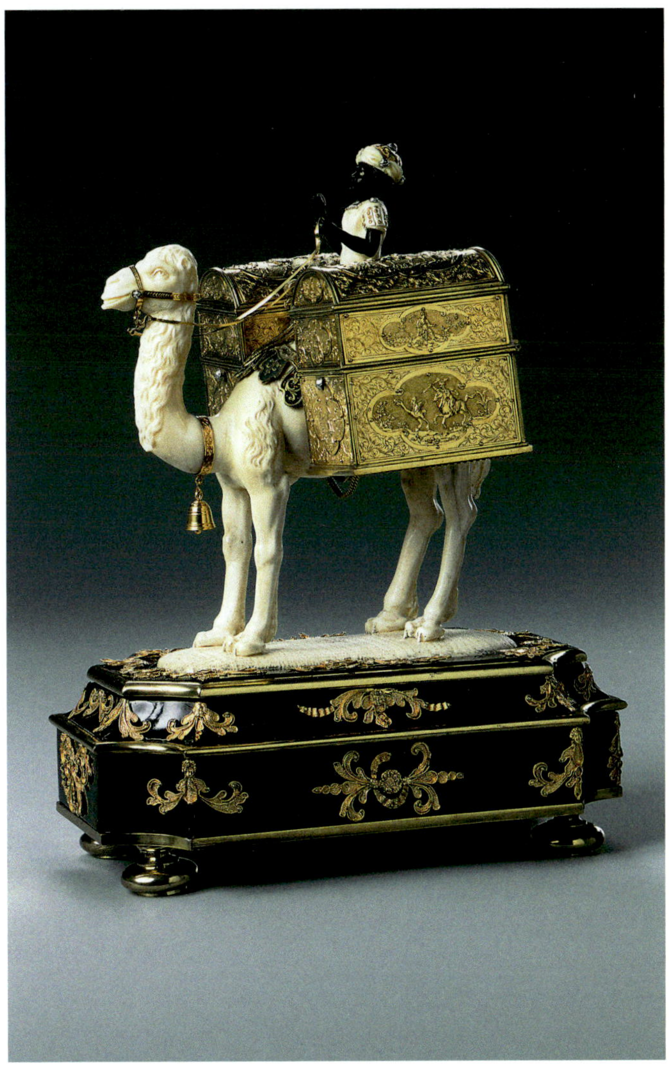

1] **Eule:** Der Hofjuwelier Gottfried Döring schuf diese Eule aus Gold mit emailliertem Gefieder vor 1713. Nimmt man den Kopf des Vogels ab, kann man die wertvolle Pretiose als Trinkgefäß nutzen.
Owl: The court jeweller Gottfried Döring created this owl in gold with enamelled plumage before 1713. When the bird's head is removed, this valuable pretiosum can be used as a drinking vessel.
ふくろう: 宮廷宝石師ゴットフリード・デョアリングが1713年以前にエナメルの羽と金で制作したもの。ふくろうの頭部を取ると、この高価な装飾品は飲用の容器として使うことができる。

2] **Schildpattkassette mit Kamel als Parfumflakonträger:** Die beiden Koffer, die das Kamel aus Elfenbein trägt, beinhalten zwei Glasflakons zur Aufbewahrung von Parfum. 1727 gelangte die Galanterieware aus dem Besitz der Kurfürstin Christiane Eberhardine ins Grüne Gewölbe.
Tortoiseshell casket with camel as a container for perfume flasks: The two cases carried by the ivory camel each contain two glass flasks for storing perfume. In 1727 this elegant accessory came to the Grünes Gewölbe from the collection of Electress Christiane Eberhardine.
鼈甲の小箱「香水瓶ケースを載せるラクダ」: 象牙製のラクダが背負う二つのケースには、二つの香水瓶を保管することができる。この礼装用品は、1727年、選帝侯クリスティアン・エバーハルディンの所有から緑の丸天井の所有に帰した。

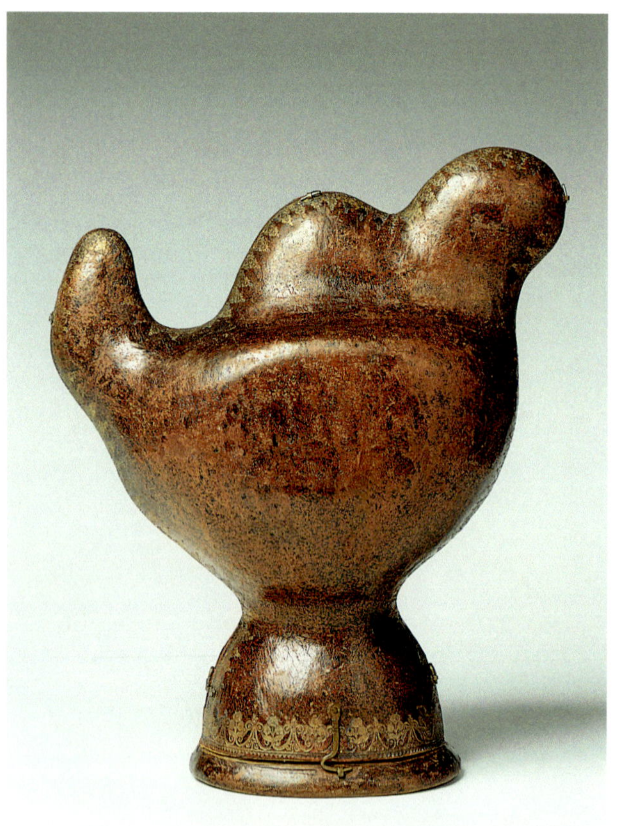 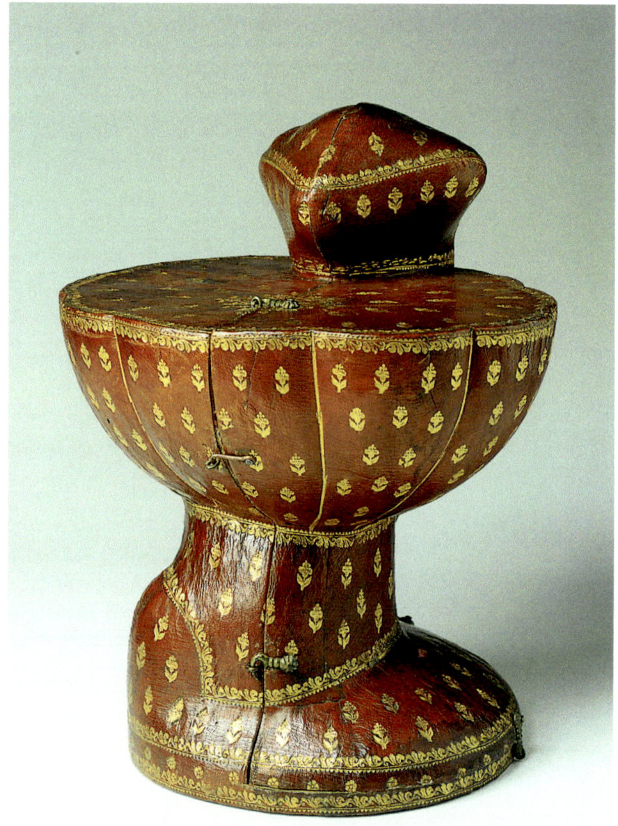

3] **Historische Etuis:** Die kostbaren, empfindlichen Werke erhielten individuell angefertigte Futterale aus Leder, um sie auf Reisen zu schützen – zum Beispiel, wenn August der Starke von Dresden in seine polnische Residenz nach Krakau fuhr und zum Zweck glanzvoller Repräsentation Kunstschätze mitnahm.

Historic cases: Precious and delicate works were provided with individually fitted cases in leather to protect them on journeys – for example, when Augustus the Strong travelled from Dresden to his Polish palace in Cracow and took art treasures with him for the purpose of splendid representation.

歴史的小ケース: 高価で壊れやすい芸術品の数々は、旅行の際、それぞれ個別に仕立て上げられた革製の専用保護サックに入れて持ち運ばれた。例えば、アウグスト強王がドレスデンからポーランドの宮殿クラクフに移動する際には、華麗なレプレゼンテーションのため芸術品の数々が持ち運ばれた。この小ケースは、二つの取っ手を持つ碧玉のポット用に製作されたものである。

4] **Muschelförmige Schale mit Delphin:** Die Bergkristallgefäße des Mailänders Giovanni Battista Metellino, hier eines von 1724, zeichnen sich durch hervorragenden Schliff, imposante Größe und Fassungen mit kleinen Besatzstücken aus Lapislazuli aus.

Shell-shaped bowl with dolphin: The rock crystal vessels by Giovanni Battista Metellino from Milan are distinguished by their superb cut, imposing dimensions and mounts set with small pieces of lapis lazuli. This bowl is from 1724.

貝殻型の器「イルカ」: 水晶製の容器はミラノのジョバンニ・バッティスタ・メテリーノ作（1724年制作品の一つ）。これは、小さなラピスラズリ（青金石）の石をはめ込んだ縁取り装飾に加え卓越したカットとその大きさが特徴的な作品。

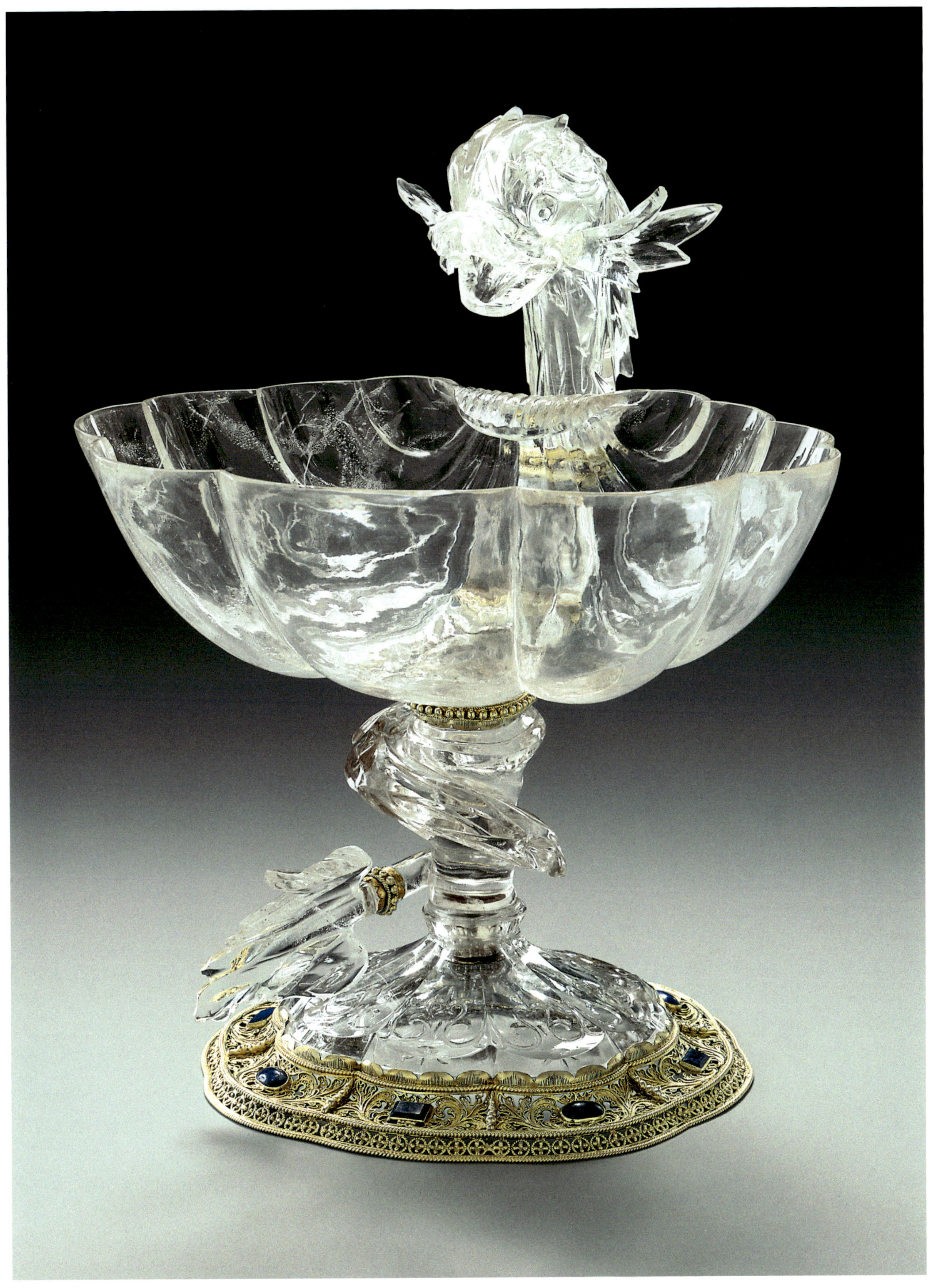

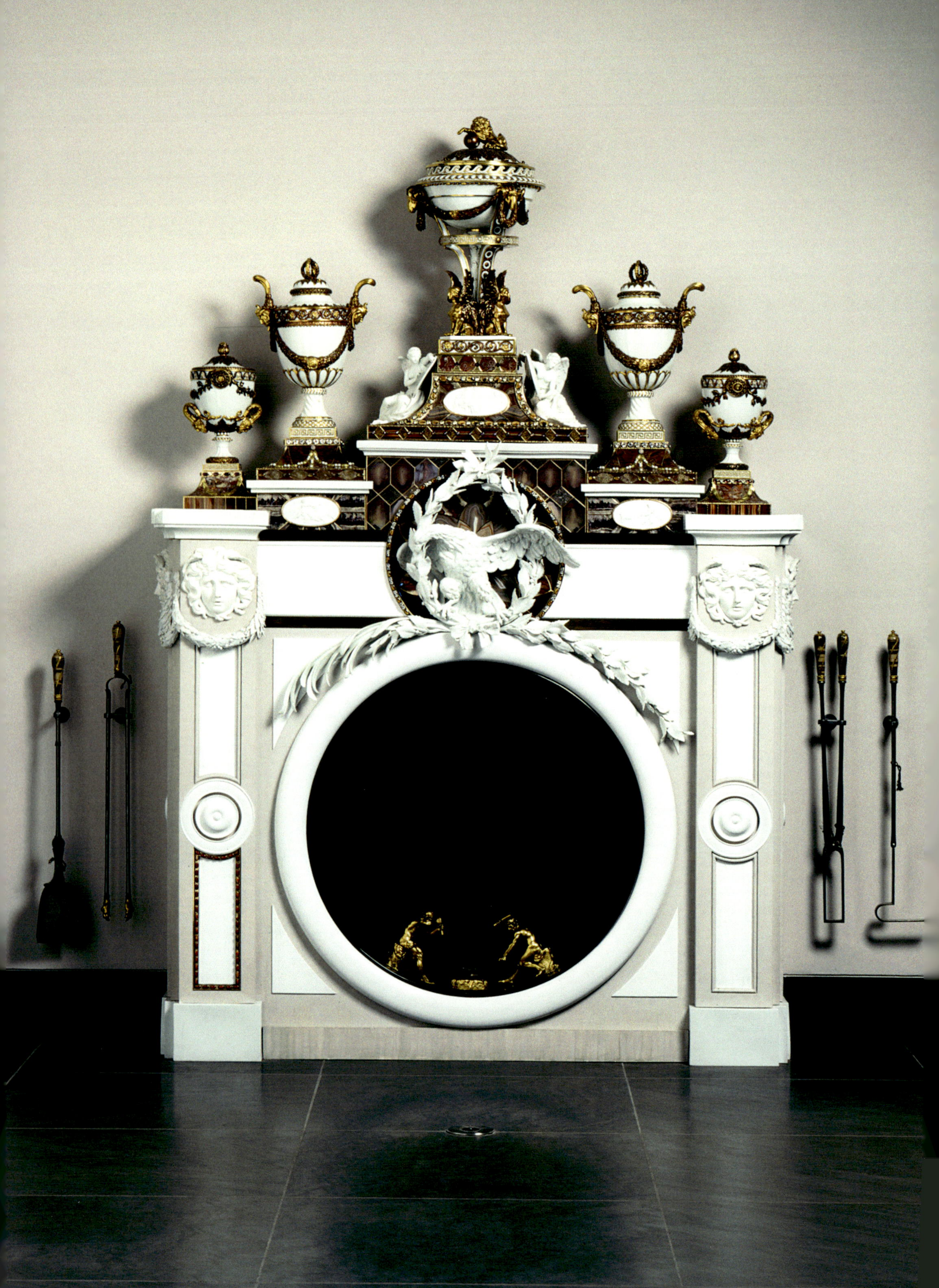

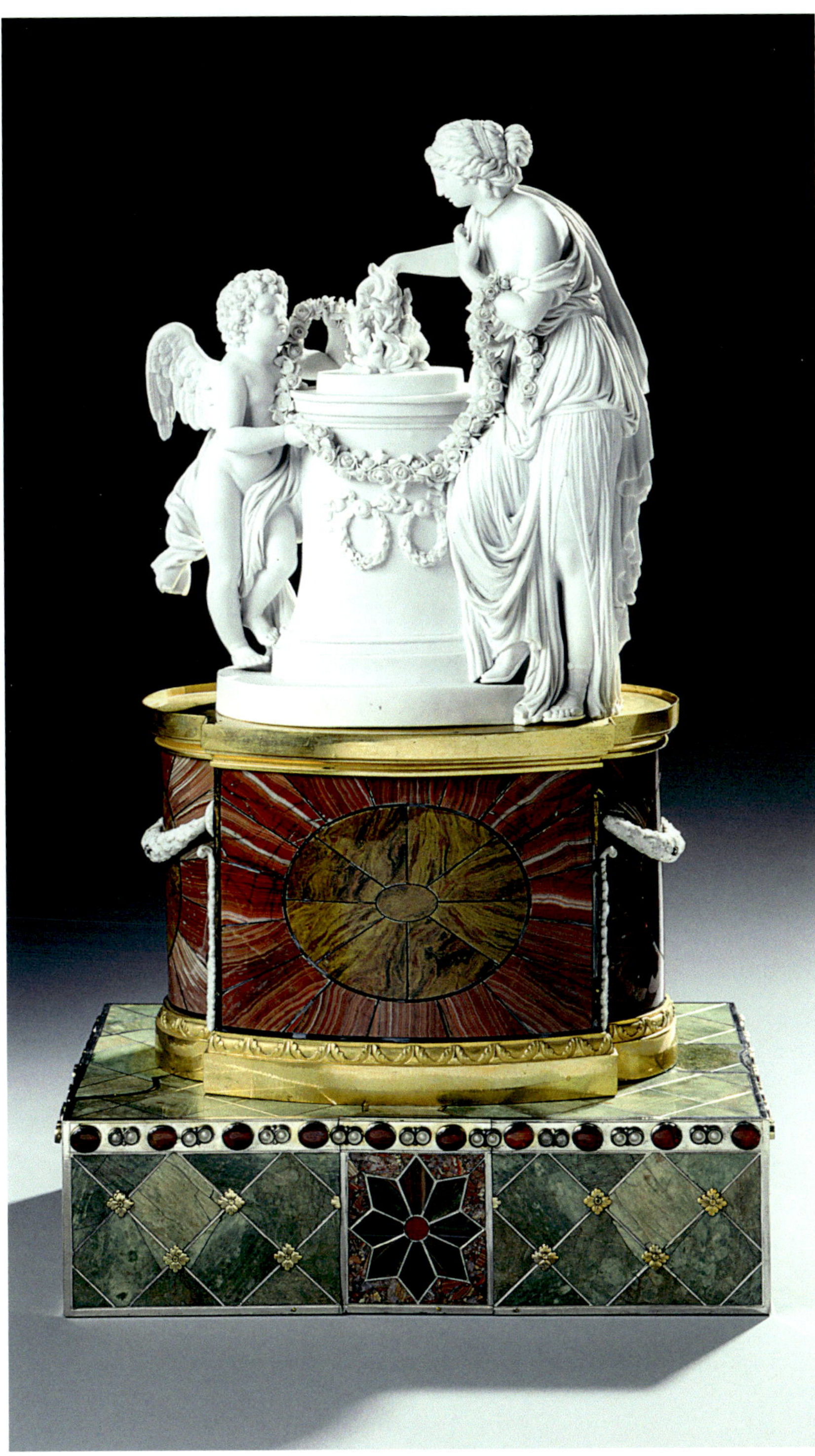

1] **Prunkkamin:** Der Kamin, dessen Edelsteinarbeiten von Johann Christian Neuber aus dem Jahr 1782 stammen, war als Gastgeschenk für den Großfürsten von Russland, den späteren Zaren Paul I., gedacht – der allerdings nicht erschien. Die Kombination von Meißner Porzellan mit sächsischen Schmucksteinen sollte den Reichtum Sachsens bezeugen.

Parade chimneypiece: This chimneypiece, whose gemstone work by Johann Christian Neuber dates from 1782, was intended as a gift for the Grand Prince of Russia, the later Tsar Paul I, who, however, did not appear. The combination of Meissen porcelain and Saxon gemstones was intended to demonstrate the wealth of Saxony.

豪華暖炉: 1782年、ヨハン・クリスティアン・ノイバーによる宝石細工を施したこの暖炉はロシア大公爵で後のロシア皇帝パウル一世への来客用贈り物として制作されたものであるが、実際にはこのロシア皇帝の来訪はなかった。マイセンの陶磁器とザクセンの宝石細工が見事に調和したこの作品はザクセンの富と経済力を示すものでもある。

2] **Porzellangruppe mit dem »Opfer der Freundschaft« auf einem Prunksockel:** J. C. Neuber schuf Ende des 18. Jahrhunderts dieses einzigartige Kunstwerk, das zwei damals hochmoderne Technologien – das Meißner Biskuitporzellan und die Edelsteinintarsien – eindrucksvoll verbindet.

Porcelain group with the »sacrifice to friendship« on a parade pedestal: At the end of the 18th century the Dresden goldsmith J. C. Neuber created this unique work of art, which impressively combined two at that time state of the art technologies – Meissen biscuit porcelain and gemstone inlays.

一連の陶磁器作品「友情の犠牲者」と華麗な台座: ドレスデンの金細工師ヨハン・クリスティアン・ノイバーが18世紀末にこの独特な芸術品を創作。ここには、当時のモダンな二つの進んだ技術が見られる。二度焼きしたマイセンの素焼き陶器と宝石の象眼細工が印象的に組み合わされた作品である。

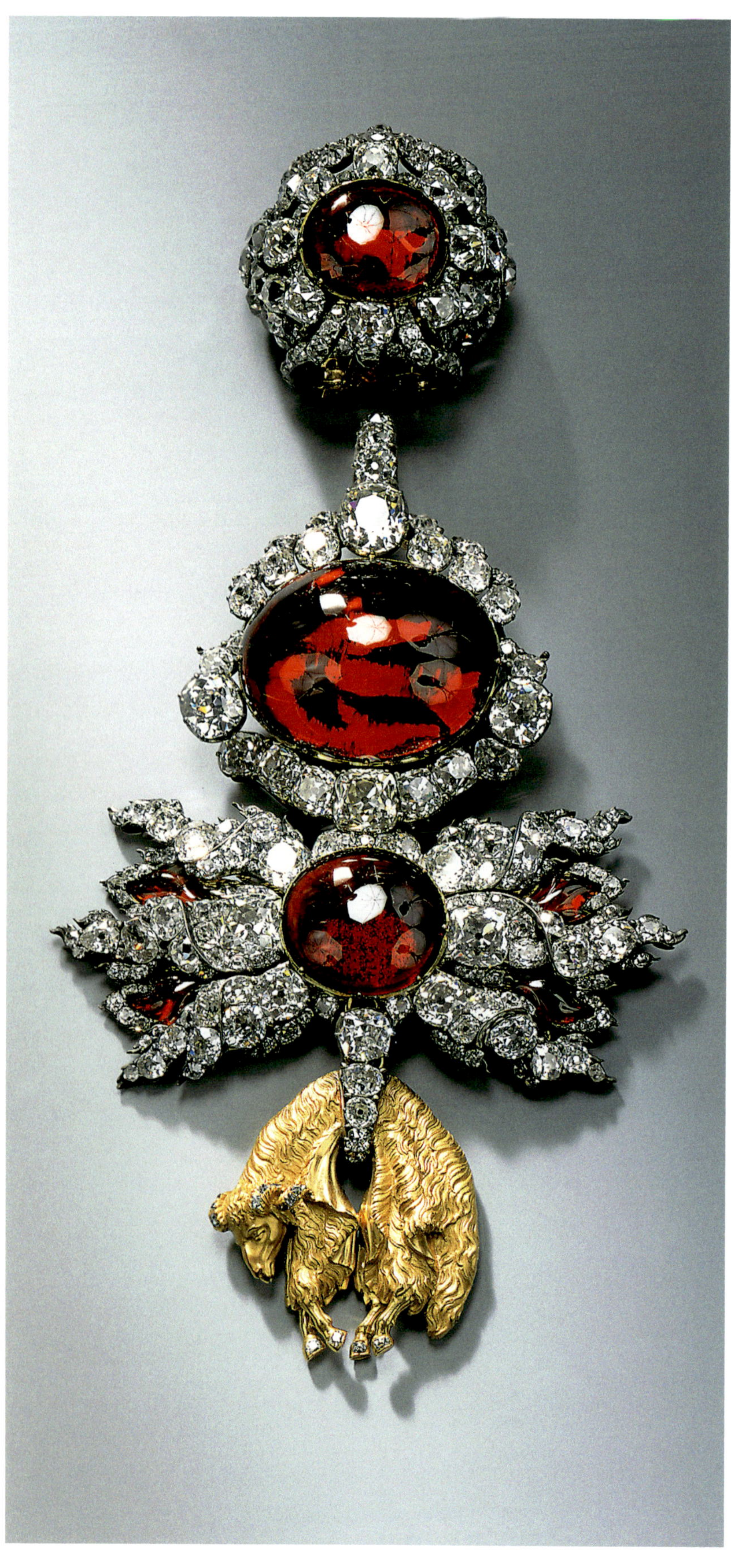

3] **Kleinod des Ordens vom Goldenen Vlies mit böhmischen Granaten:**
August der Starke erhielt 1722 zusammen mit seinem Sohn, dem späteren König August III. von Polen, die Insignien des höchsten habsburgischen Ritterordens, des Ordens vom Goldenen Vlies. Franz Christoph Georg Diespach fertigte 1749 in Prag dieses Schmuckstück mit den besonders großen Granaten und 318 Brillanten.
Insignia of the Order of the Golden Fleece with Bohemian garnets: In 1722 Augustus the Strong and his son, the future King Augustus III of Poland both received the insignia of the highest Hapsburg order of knights, the Order of the Golden Fleece. In 1749 Franz Christoph Georg Diespach created this piece of jewellery in Prague with especially large garnets and 318 diamonds in brilliant cut.
ボヘミア産柘榴石をはめ込んだ騎士団の金羊毛勲章: 1722年、アウグスト強王は後にポーランド王となる、息子のアウグスト三世と共にハプスブルク家騎士団の表章である騎士団の金羊毛勲章を受け取る。フランツ・クリストフ・ゲオルク・ディースパッハが1749年、プラハで制作した装飾品。特に大きな柘榴石と318のダイヤモンドをはめ込んだもの。

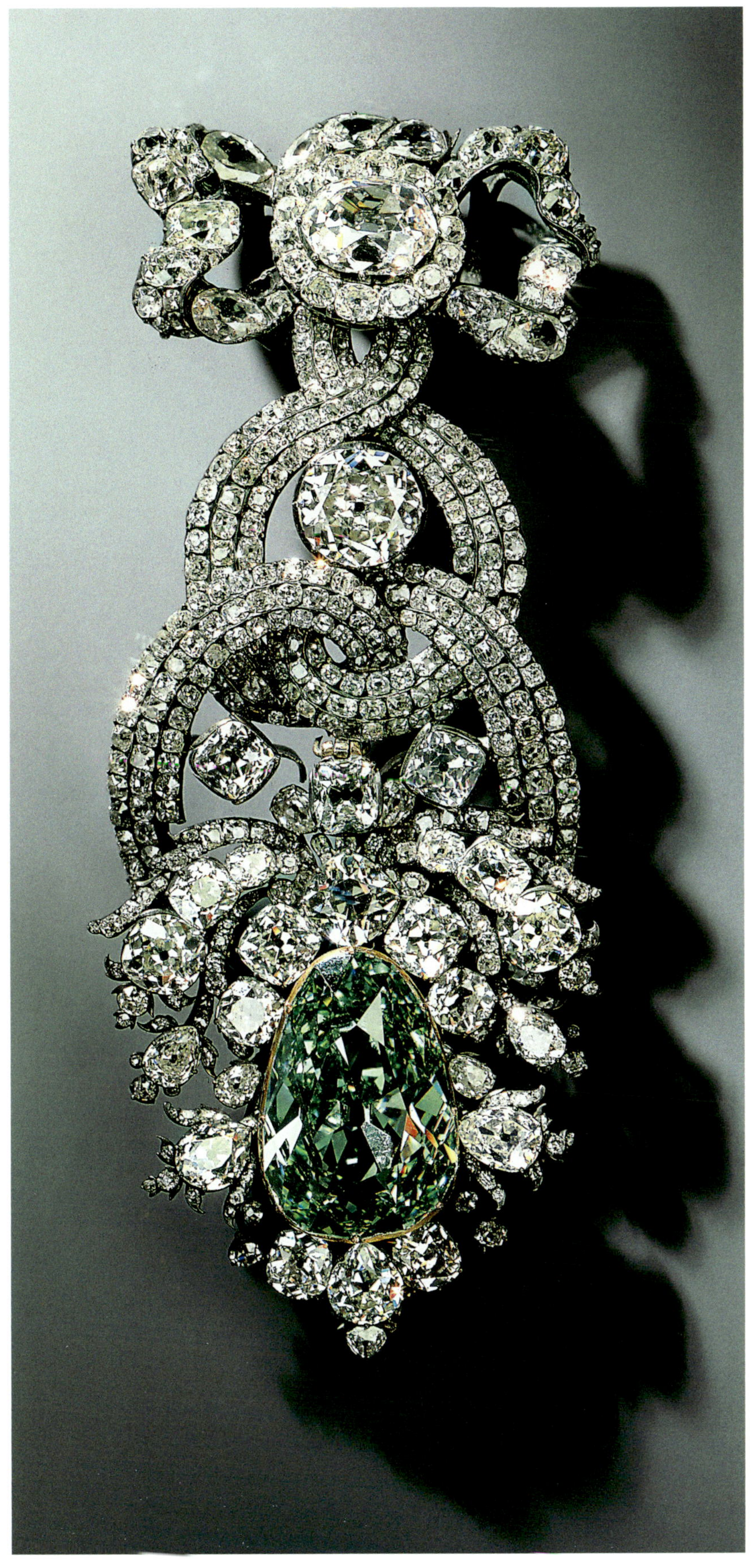

1] **Hutkrempe mit dem »Dresdner Grünen Diamanten« aus der Brillantgarnitur:** August III. kaufte 1742 den »Dresdner Grünen«, einen der kostbarsten und seltensten Diamanten, der jemals gefunden wurde. Für den 160 Grän (41 ct.) schweren Diamanten bezahlte er laut Überlieferung 400.000 Taler – Bau und Ausstattung der Frauenkirche kosteten 288.000 Taler. Franz Michael Diespach setzte den vorher als Schmuckorden dienenden Stein 1769 in die Hutkrempe ein.
Hat brim ornament with the »Dresden Green Diamond« from the diamond cut garniture: In 1742 Augustus III bought the »Dresden Green«, one of the most precious and rare diamonds ever found. According to the records he paid 400,000 thalers for the diamond weighing 41 ct. For comparison, the construction and the interiors of the Frauenkirche cost 288,000 thalers. In 1769 Franz Michael Diespach set the stone, which had been previously used as a badge, in the hat brim ornament.
帽子飾り「ドレスデングリーンのダイヤモンド」ブリリアントカットの装飾品:
アウグスト三世が1742年に購入したこの「ドレスデングリーン」は、かつて発掘された中で最も高価で珍しいダイヤモンドの一つから作られたものである。伝承によると、重量160グレーン（41カラット）のダイヤモンドに400,000ターレル貨（ドイツ銀貨）を支払ったという。ちなみに聖母教会の建築装飾費は288,000ターレル貨であった。フランツ・ミヒャエル・ディースパッハが、それまでは装飾勲章に使われていたダイヤモンドの石を1769年に帽子飾り用にはめ込んだ。

IMPRESSUM / ACKNOWLEDGMENTS / 刊記

Hinweis:
Der Sponsel-Raum (Raum 11) des Neuen Grünen Gewölbes ist Sonderausstellungen vorbehalten und wird daher hier nicht aufgeführt.

Note:
The Sponsel Room (Room 11) at the New Grünes Gewölbe is reserved for special exhibitions and is therefore not covered by this publication.

注記:
「スポンセルの部屋（展示室11）は、特別展示用のため、当出版物では紹介していません。

Konzeption und Texte
Katharina Stauder
unter Verwendung der Texte aus:

Jutta Kappel · Ulrike Weinhold
Das Neue Grüne Gewölbe. Museumsführer, 2007

Dirk Syndram · Jutta Kappel · Ulrike Weinhold
Das Historische Grüne Gewölbe zu Dresden. Die barocke Schatzkammer. Meisterwerke, 2007

Dirk Syndram
Schatzkunst der Renaissance und des Barock. Das Grüne Gewölbe zu Dresden. Meisterwerke, 2004

Idea and texts
Katharina Stauder
using texts from:

Jutta Kappel · Ulrike Weinhold
Das Neue Grüne Gewölbe. Museumsführer, 2007

Dirk Syndram · Jutta Kappel · Ulrike Weinhold
Das Historische Grüne Gewölbe zu Dresden. Die barocke Schatzkammer. Meisterwerke, 2007

Dirk Syndram
Schatzkunst der Renaissance und des Barock. Das Grüne Gewölbe zu Dresden. Meisterwerke, 2004

構想／文
カタリーナ・シュタウダー
以下の文献を使用:

ユッタ・カッペル 、ウルリケ・ワインホルド
Das Neue Grüne Gewölbe. Museumsführer, 2007

ディルク・シンドラム 、ユッタ・カッペル、ウルリケ・ワインホルド
Das Historische Grüne Gewölbe zu Dresden. Die barocke Schatzkammer. Meisterwerke, 2007

ディルク・シンドラム
Schatzkunst der Renaissance und des Barock. Das Grüne Gewölbe zu Dresden. Meisterwerke, 2004

Lektorat:
Katharina Stauder

Editorial director:
Katharina Stauder

原稿審査／編集人:
カタリーナ・シュタウダー

Übersetzung:
Ulrich Boltz
Dr. Richard Gary Hooton
Chikako Kirchner-Inoue

Translation:
Ulrich Boltz
Dr. Richard Gary Hooton
Chikako Kirchner-Inoue

翻訳:
ウルリッヒ・ボルツ
リチャード・ゲーリー・ホートン博士
キルヒナー井上知加子

Gestaltung:
Denise Walther

Layout:
Denise Walther

レイアウト:
デニーゼ・ワルター

Fotos:
Jürgen Karpinski, Dresden
David Brandt, Dresden (S. 6/7)

Photographs:
Jürgen Karpinski, Dresden
David Brandt, Dresden (p. 6/7)

写真:
ユルゲン・カルピンスキー、ドレスデン
ダビッド・ブラント、ドレスデン (p. 6/7)

Reproduktion:
LVD Gesellschaft für Datenverarbeitung mbH, Berlin

Reproduction:
LVD Gesellschaft für Datenverarbeitung mbH, Berlin

製版:
LVD Gesellschaft für Datenverarbeitung mbH, Berlin

Druck und Bindung:
Offsetdruckerei Grammlich, Pliezhausen

Printed and bound by:
Offsetdruckerei Grammlich, Pliezhausen

印刷／製本:
Offsetdruckerei Grammlich, Pliezhausen

Bibliografische Information der Deutschen Nationalbibliothek
Die Deutsche Nationalbibliothek verzeichnet diese Publikation in der Deutschen Nationalbibliografie; detaillierte bibliografische Daten sind im Internet über http://dnb.d-nb.de abrufbar.

ISBN 978-3-422-06935-0

ISBN 978-3-422-06935-0

ISBN 978-3-422-06935-0